LA OTRA ARQUITECTURA

los consultorios de vivienda y habitat

compilador | arq. Ruben Gazzoli

Diseño de tapa e interior: **Ma. Sol Rajch**

Hecho el depósito que marca la ley 11.723

I.S.B.N. 987-1135-26-2

© nobuko

Noviembre 2003

LA OTRA ARQUITECTURA

los consultorios de vivienda y habitat

nobuko

Juan O'Gorman
LIBRERIAS

Este libro es el resultado del Seminario "La otra Arquitectura" llevado a cabo por la Facultad de Arquitectura, Diseño y Urbanismo de la Universidad de Buenos Aires y organizado conjuntamente por la Unidad de Gestión y Coordinación para el Area Metropolitana de Buenos Aires (UGYCAMBA) y la Unidad de Desarrollo de la Vivienda de Interés Social (UDEVIS).

En el mismo se expusieron distintas experiencias sobre la temática de la prestación de servicios como eje de la práctica de la actividad profesional con el fin de atender la demanda de sectores de población que normalmente no pueden acceder a los servicios de un profesional en los términos tradicionales, de ahí el título del seminario, aunque en realidad no se trata de Otra Arquitectura sino de una diferente forma de su ejercicio por parte de los arquitectos, basado en las características de los nuevos tiempos y de la realidad latinoamericana.

El fuerte crecimiento de los grandes centros urbanos de los países latinoamericanos experimentado a lo largo de la segunda mitad del siglo XX ha sido consecuencia de las corrientes migratorias originadas en las áreas rurales y los pequeños asentamientos urbanos que, al quedar relegados en términos productivos, no han podido asegurar las condiciones materiales para posibilitar la reproducción de su población.

Estos migrantes, carentes de recursos, han tenido que enfrentar la tarea de la construcción en las grandes ciudades, en un proceso de agregación que ha implicado la extensión permanente de los territorios urbanos. A través de la apropiación de tierras periféricas en forma legal o ilegal, las familias han ido construyendo sus viviendas sobre esos terrenos, a veces conseguidos en lucha con las fuerzas represivas del estado. Esta gigantesca empresa, con la que nuestras sociedades han penalizado a los ciudadanos más pobres, ha dado como efecto hábitats urbanos estructuralmente inadecuados. El Estado ha permanecido ausente en estos procesos y las familias se han visto compelidas a producir la eterna e inacabada periferia urbana sin la asistencia técnica que hubiera sido necesaria para evitar los enormes costos que se requieren hoy para mejorar, en alguna medida, el espacio urbano y la vivienda de estos ciudadanos.

Las viviendas que han sido autoconstruidas sin la necesaria asistencia técnica han terminado generando un parque habitacional de mala calidad pese a que han significado un costo elevado para las familias. Materiales, proyectos y técnicas inadecuadas han sido la base sobre la que se operó el mencionado proceso social. Los gobiernos locales estructurados a imagen y semejanza de los de los países desarrollados, solo actúan en este campo mediante el uso del poder de policía conferido por sus cartas orgánicas. La realidad de las periferias urbanas, tan distante de lo imaginado por los legisladores, a generado un espacio político y social dentro del cual, entre otros efectos, puede señalarse el abandono del poder de policía por la imposibilidad de su aplicación, por lo tanto, la aplicación de la ley en algunos espacios de las ciudades, transforma en arbitraria e injusta la acción del estado.

Las condiciones adecuadas del hábitat y la vivienda son tan esenciales para la existencia de la vida urbana como lo es el cuidado de la salud pública. Sin embargo, hasta ahora, se ha atendido mas o menos la salud de la población pero no se ha trabajado para asegurar el mejoramiento de las condiciones del hábitat y la vivienda de aquellos que no pueden hacerlo a través de los servicios profesionales que se obtienen en el mercado.

Una respuesta a esta cuestión ha sido un nuevo modelo del ejercicio de la profesión de arquitecto, bajo la forma de Consultorios de Asistencia Técnica para el Hábitat y la Vivienda, que trabajan con población de sectores medios y bajos dándoles asistencia en la construcción y-o mejoramiento de sus viviendas y que pueden estar financiados por el gobierno local o bien financiarse mediante el cobro de aranceles reducidos que hagan accesible el servicio a sectores de población de reducida capacidad económica.

Por otra parte también es necesario tener presente que el cambio y la transformación son los rasgos distintivos de nuestro tiempo. Los hombres los generan y se ven sometidos a ellos. Esto tiene como significación en el campo de la arquitectura reconocer a la vivienda y los espacio urbanos como elementos vivos que deben adaptarse permanentemente a las necesidades de los usuarios.

Estas condiciones históricas han dado lugar a la reformulación del rol de los arquitectos. Las distintas experiencias que se exponen en este libro intentan mostrar los nuevos caminos que se abren para los jóvenes arquitectos.

Arq. Berardo Dujovne
Decano de la Facultad de Arquitectura,
Diseño y Urbanismo

Nuestro país arrastra una situación crónica de déficit habitacional y de carencia de espacios públicos en los que los ciudadanos puedan llevar a cabo las distintas formas de actividades colectivas de la vida cotidiana, sobre todo al nivel de barrio y vecindario. Las políticas públicas de nivel local son de escasa significación en lo referente a la creación de espacios públicos y las del estado nacional se refieren a la vivienda y se articulan básicamente en base al Fondo Nacional de la Vivienda (FONAVI).

No vamos a dar ejemplos para no crear situaciones ofensivas, pero sabemos que muchos de los conjuntos que se han construido bajo las normas del régimen FONAVI han funcionado y siguen funcionando como sistemas de segregación dentro de la ciudad, y creo que ahí es donde empezaron a hacer agua, creo que se hicieron pensando más en los intereses de la industria que en función de lo que la gente estaba necesitando, por eso se transformaron en estas islas de segregación, generando los problemas sociales que todos conocemos.

El problema que se presenta en términos sociales, es urbano, y afecta también a la vivienda. Para superarlo hay que emprender acciones de renovación y mejoramiento que hacen tanto a la ciudad como a la vivienda, pero teniendo conciencia clara de que la vivienda es un aspecto pero que hay que trabajar básicamente con la gente. Y como decía antes, el gran desafió es cómo lograr condiciones de urbanidad en las periferias, cómo mejorar la condición habitacional en un país empobrecido y con los problemas que todos conocemos.

Tenemos que ver cómo se encaran los problemas de infraestructura, cómo se encaran los problemas de transporte y cómo se encaran los problemas de la vivienda en sí misma.

Por eso creo que es importante que se produzcan encuentros como éste para intercambiar ideas. Creo que muchos de los que están acá son o han sido actores en este cambio de mentalidad y creo que debemos trabajar en ese sentido.

Quisiera señalar entonces la importancia del rol de la Universidad, que entiendo no es un lugar donde solamente se imparten conocimientos, sino que también debe ser generadora de conocimientos y que debe transferirlos al medio. Yo creo que nuestra universidad publica se debe a la sociedad; recibe mucho de la sociedad y al mismo tiempo debe devolver a la sociedad, no solamente enseñando sino también generando conocimientos y transfiriéndolos a la sociedad, trabajando con ella y resolviendo sus problemas.

Creo que hay un rol importante de la universidad en todo lo que tiene que ver con la transferencia de nuevas ideas y de nuevos conocimientos a la sociedad. Y estoy seguro que de las discusiones y presentaciones que se den acá van a surgir nuevas ideas para poder seguir trabajando.

Finalmente quiero darles a ustedes las gracias en nombre de la Facultad de Arquitectura, Diseño y Urbanismo.

Arquitecto Jorge Fuentes
Subsecretaría de Vivienda de la Nación

Lo que voy a expresar acá es una mirada desde el Estado. Podemos comentar algunas experiencias de hábitat popular que desde nuestras prácticas hemos cosechado a través de largo tiempo de gestión.

El déficit habitacional reconocido por el Estado en la República Argentina es de mas de tres millones de hogares. El 70% de este déficit puede considerarse focalizado en deficiencias de orden cualitativo que afectan la vida de numerosas familias que habitan en viviendas subnormales, ya sea por sus condiciones de precariedad constructiva, hacinamiento o precariedad jurídica en la tenencia del bien.

Entonces, una gran parte de este déficit habitacional, una porción que según estimaciones más conservadoras va desde un millón a dos millones de viviendas, puede ser solucionada a través de acciones de mejoramiento en el caso de vivienda con precariedad constructiva y que sean recuperables, o por acciones de completamiento o ampliación de vivienda en el caso de hacinamiento para que estas viviendas puedan tener un funcionamiento adecuado.

Esto es así porque un gran porcentaje del parque habitacional argentino, sobre todo el que pertenece a los sectores medios, medios bajos y bajos, se construyó por autofinanciación y/o por autoconstrucción, sobre todo en el caso de los sectores bajos, adoleciendo de una asistencia técnica adecuada. Y estos procesos de autogestión o de autoconstrucción devienen en productos deficitarios. Pese a estas características cualitativas tan definidas del déficit habitacional, ni el sector privado lucrativo ni el sector público han respondido a sus necesidades. Todos sabemos que el sector privado se ha volcado enteramente a la producción de viviendas para los sectores de ingresos medios y altos; por otro lado, también se han volcado históricamente los recursos públicos a la producción de vivienda llave en mano terminadas y completas, a través del FONAVI.

Recién en los últimos años los organismos provinciales que administran el FONAVI han iniciado alguna línea de tipo "mejoramiento", pero son acciones minoritarias Podemos decir que el 98 o 99 % de los recursos del FONAVI se siguen dirigiendo a la producción de vivienda nueva cuando todos sabemos que el déficit de vivienda nueva es un tercio del total y el resto de Fiat, dos tercios, corresponden a viviendas con deficiencias constructivas y/o hacinamiento.

Como consecuencia de todo esto, amplias porciones de la población, justamente aquellas familias de menores ingresos, se ven obligadas a proveerse de su hábitat sin contar con asistencia técnica ni con financiamiento adecuado, y por lo tanto producen sus viviendas en periodos largos -dos o tres generaciones- o periodos intermitentes discontinuos que implican deficientes niveles de calidad en el diseño y lo constructivo. A esto hay que agregar la falta de recursos o financiamiento necesarios para el mantenimiento adecuado de esas viviendas, con lo cual se entra en un proceso de obsolescencia temprana de ese tipo de construcciones.

Esto explica el enorme déficit acumulado. Este déficit, por las características que hemos apuntado, se ve como un gran universo de mercado que podemos simplificar haciendo una cuenta que seguramente es mentirosa pero que nos puede dar una idea. Si nosotros hablamos de dos millones de viviendas a rehabilitar y podemos pensar en cuarenta metros cuadrados por cada vivienda a rehabilitar, estamos hablando de un mercado de 80 millones de metros cuadrados.

Otros aspectos a tener en cuenta: rehabilitando el parque de viviendas subnormales se recupera un patrimonio individual, pero además, cuando hay una sumatoria grande de viviendas individuales, se recupera un patrimonio social. Porque las familias pobladoras, en mayor o menor medida, han invertido recursos monetarios durante largos años para ese producto, y también han invertido durante largos años su sacrificio personal y el de su familia y, con toda esta inversión, han obtenido un producto deficitario.

Desde el Estado tenemos un interrogante. Nosotros intuimos que vale la pena. Si las características de habitabilidad, diseño y valor final de todas estas viviendas ya rehabilitadas reflejan, en términos de puesta en valor patrimonial individual y social, lo invertido en las acciones de superación de las condiciones deficitarias de las mismas, creemos que vale la pena realizarlo, porque normalmente cuando el Estado invierte en mejoramiento de vivienda hay un plus que agrega la familia. Estamos calculando que cada peso que nosotros ponemos las familias lo multiplican por dos y medio, es decir que el resultado final del mejoramiento es dos veces y media lo que ha puesto el Estado.

Desde nuestra óptica, el primer concepto a tener en cuenta es que tanto la asistencia técnica como el seguimiento son absolutamente necesarios para este tipo de proyectos. El éxito de los mismos esta en relación directa al desarrollo de las capacidades de los recursos humanos que se abocan a ese mejoramiento y que se deben adecuar a la naturaleza técnica económica y social de las situaciones a atender. Es necesario incorporar una visión más acabada y realista de la relación entre diseño, producción, oferta constructiva y normas legales, y adaptar todas estas condiciones a la demanda. Es necesaria la formación de recursos humanos especializados, de carácter transdisciplinario, con la sensibilidad social y con la disciplina técnica necesarias para abordar la multiplicidad de la problemática planteada. Desarrollar estas capacidades con relación al rol importantísimo desempeñado por el arquitecto en estos equipos transdisciplinarios, es de acuerdo a nuestra experiencia, materia pendiente en nuestras universidades. La universidad enseña a diseñar una vivienda, en todo caso puede enseñar a reciclar estructuras edilicias o funcionales, pero no enseña el proceso de rehabilitación del hábitat popular deficitario.

En nuestro programa tenemos algunos ejemplos de esto que estoy contando. En un momento en que nos era imposible, debido a la poca cantidad de gente con que contábamos en los equipos técnicos, hacer las auditorias que normalmente hacemos en los proyectos del programa, suscribimos un convenio con la Facultad de Ingeniería de la Universidad del Nordeste para que hicieran el seguimiento y el asesoramiento técnico en una buena cantidad de proyectos que teníamos en el área y el resultado no fue el esperado. No por falta de idoneidad de los profesionales actuantes, en este caso ingenieros, sino porque no tenían la preparación adecuada para realizar el seguimiento de este tipo de obras, y la verdad es que fueron dos años de convenio y el resultado fue más bien malo.

En los proyectos sociales hay una lógica que dice que el resultado termina en el producto. Esto puede ser en algún caso especifico, pero en general, en el 95% de los proyectos sociales el resultado no termina en el producto. Y en los proyectos de mejoramiento habitacional, tampoco el resultado termina en el producto.

Desde el Estado y dentro del eje técnico, lo importante es que si no se mejoran todas las condiciones deficitarias de una vivienda, no importa cuán grande sea la escala de las acciones que hemos conseguido hacer, la vivienda no pasa de sub-normal a normal, y por lo tanto no hay impacto en el déficit. Para aclarar esto quiero definir qué entendemos nosotros por impacto: es aquella parcela de la realidad que podemos transformar en forma directa, es decir sin externalidades, por medio de nuestro proyecto.

En general el proceso se inicia cuando se pide el crédito. Se hace una carpeta técnica, se apoya a la gente en un preproyecto, se ve si es viable y se les hace un presupuesto. Cuando las necesidades de mejoramiento van mas allá de nuestras posibilidades se hace en etapas, hay gente que saca varios créditos y se realizan las viviendas.

En general se trabaja en equipos transdisciplinarios, pero muchas veces el asesor técnico es el que carga sobre sus hombros los distintos apoyos y el trabajo social también muchas veces lo hace el arquitecto. Por eso es que se necesita de una capacitación especial para realizar este tipo de trabajos. Se asesora en la compra de materiales, se hace el seguimiento de obra, a veces el equipo esta formado por arquitectos y algún maestro mayor o algún técnico en construcción, y en alguna reunión hemos escuchado decir que la figura del arquitecto era contracultural en este tipo de barrios donde llegábamos.

Después de haber tenido una experiencia de varios años, de haber ido a ver muchas obras, después de haber recorrido como arquitectos de asistencia técnica las obras, creo que, si bien en un principio puede haber una cierta actitud defensiva de parte de la gente porque no está acostumbrada a tener un arquitecto, porque nunca se pudo dar el lujo de pagarse un arquitecto, cuando el arquitecto tiene las características que tiene que tener para cumplir con este tipo de trabajo, al poco tiempo es invitado como un amigo más, es invitado con mate, y lo hacen participe no solamente de consultas por el tema de las obras, sino sobre su planificación como familia. Es decir, consultan al arquitecto sobre montones de otras cosas, es decir, se habla con el arquitecto de montones de cosas, no sólo de la obrita que están haciendo. Y creo que para el arquitecto eso es una enorme satisfacción. Poder llegar a ese tipo de amistad habla muy bien de la gente que está trabajando en este tipo de asistencia y de alguna manera nos indica que no nos hemos equivocado cuando hemos elegido a las ONG que hemos elegido.

Las primeras asociaciones con las que comenzamos a trabajar fueron: el CEVE de la Asociación de Vivienda Económica de Córdoba, la Fundación Vivienda y Comunidad y la Fundación Civil Madre Tierra. Es decir, todas ONG que nosotros conocíamos por el trabajo que habían hecho. Los llamamos, luego acercaron sus proyectos, los evaluamos y elegimos hacerlos.

Cuando entré a la Dirección y la Arq. Rodulfo me dijo que yo me iba a hacer cargo de esta línea que era nueva, que la inaugurábamos nosotros, pensé que en seis meses me quedaba sin línea de acción. Es decir, las ONG determinan el tipo de garantía y evidentemente ninguna de las garantías es de tipo bancario. La gente no tiene escrituras para poder hipotecar, ni nada por el estilo. Cuando yo ví las características de crédito que podíamos tener dije: "esto se acaba rápido, este dinero no lo vamos a recuperar nunca", y creo que todavía tenemos. A pesar de que la situación ha ido desmejorando en la medida en que el país todo ha ido desmejorando, el aspecto de cobranza y recupero que tenemos es todavía mejor que el de los bancos. La enseñanza que hemos sacado es que la gente pobre paga.

Las ONG en general ya están trabajando en barrios. Conocen a las organizaciones de base de esos barrios, y entonces, la campaña que ellos pueden hacer es mucho más efectiva que la que podría hacer yo, a quien ellos no conocen. Se hacen reuniones barriales, se tiran panfletos, pasan autos con parlantes, van a las reuniones de la capilla y entregan folletos, depende de cada ONG, y por supuesto, el boca a boca, una vez iniciado el crédito, es lo que mejor funciona.

La relación que tenemos con los organismos de vivienda y sus programas es en algunos casos directa, porque hemos hecho convenios. Por ejemplo, la línea de acción de regularización de villas de emergencia. Nosotros hemos hecho con la provincia de Córdoba un programa para los barrios periféricos de la ciudad y también con el Municipio de Rosario para la rehabilitación de las villas, y de hecho se han rehabilitado unas cuantas. Después ese tipo de programas que para nosotros es grande, 3 ó 4 millones de pesos, se ha dejado de lado por las restricciones presupuestarias que hemos sufrido, y de hecho estamos sufriendo restricciones presupuestarias muy fuertes.

Este era un programa de subsidio de 25 millones de pesos anuales. La única línea que no se subsidia es la de fondos de crédito que en el año 98 pasó a tener 2,5 millones de pesos como partida presupuestaria. Así que estamos en el 10% de la partida que teníamos. En el futuro, no sabemos.

Respecto de la relación que tenemos con las provincias, en la provincia de Córdoba se está implementando un programa muy similar al Programa 17, le dicen el Programa 17 Cordobés. No lo han podido iniciar por un problema también de presupuesto, pero ya tienen las bases sentadas y lo van hacer. Es decir que las acciones realizadas en esa línea de idea que teníamos fueron lo suficientemente demostrativas como para que alguien tomara esta acción y la pudiera desarrollar con más presupuesto que nosotros.

Pregunta: ¿Cómo opera la Subsecretaría de Vivienda?

Arq. Fuentes: La Subsecretaria de Vivienda siempre tuvo una planta permanente que llega hasta los Directores Nacionales; de ahí en adelante, Subsecretarios o Secretarios cuando era Secretaría, son funcionarios netamente políticos, tan políticos que la Secretaría de Vivienda dependió en un momento del Ministerio de Salud, después dependió de la Secretaría de Desarrollo Social de Presidencia de la Nación y ahora depende de la Secretaría de Obras Públicas del Ministerio de Infraestructura y Vivienda. Los abatares son bravos. Así como las partidas presupuestarias no están firmes tampoco lo están los programas. El único programa firme es el FONAVI, por ahora. De hecho todos sabemos que la mitad de los fondos del FONAVI pueden ser canalizados hacia cualquier cosa que se le ocurra a cada gobernador, es decir, que ahora, de entrada, estamos perdiendo el 50% del FONAVI y no sabemos cómo va a seguir.

Pregunta: ¿Hay un micro crédito, cuánto es el promedio de crédito que la ONG destina a cada familia?

Arq. Fuentes: Esto depende de cada ONG, por ejemplo SEDECA, que es el Secretariado de Enlace de Comunidades Autogestionadas y que su Director es el Padre Pichi, presenta dos particularidades, que da los micro créditos más bajitos que son de $ 300 y que trabaja con garantía solidaria. Es decir que trabaja con grupos de 3 a 5 familias, y que trabaja con género, es decir que le da los micro créditos a la Jefas de Familia porque en su zona, si bien no es formal el trabajo de las mujeres, sí tienen un trabajo que es el de servicio doméstico, mientras que los hombres hacen changas, entonces Pichi le tiene más fe a las mujeres.

Pregunta: ¿Cómo se siente la crisis en el tema del repago?:

Arq. Fuentes: El fenómeno es que, justamente, los que tenían los créditos más altos, que eran las ONG de Córdoba, están teniendo que ir bajando los niveles porque la gente no puede devolver las cuotas para un crédito alto. Entonces prefieren sacar dos créditos chicos y tener la seguridad de que van a ir devolviendo.

La experiencia de Cuba

Arquitecta Martha Garcilaso de la Vega
Coordinadora Nacional del Programa
Arquitectos de la Comunidad

Cuando triunfa la Revolución, en 1959, existia en Cuba un gran déficit de vivienda. El Estado decide enfrentarlo a través de la construcción estatal. ¿Qué pasó?. Ese programa de construcción de viviendas, durante los primeros 30 años no pudo tener prioridad, ya que el país necesitaba otras cosas primero, otras cosas que debían hacerse y que eran más importantes que las viviendas, porque mal o bien, todo el mundo vivía bajo un techo, nadie vivía bajo un puente o en la calle. Había situaciones precarias de vivienda - las hay todavía - pero el país tenía necesidad de enfrentar demandas de educación construyendo escuelas y universidades en todo el país y de salud, construyendo hospitales en todo el país; y todo eso llevaba una cantidad de recursos tales que la vivienda no pudo ser prioritaria. Aún así se construyeron 1.500.000 viviendas desde 1959 hasta 1998. En este momento el total de viviendas del país deben ser alrededor de 3.100.000 unidades.

Durante todos esos años, como era obligación del Estado construir las viviendas porque se entendía que la vivienda era un derecho de todo el mundo, no nos dimos cuenta de que la gente también seguía construyendo viviendas y no reconocíamos el esfuerzo propio de aquellos que construyen por su cuenta su "casita", esto sin ayuda de los arquitectos a quienes siempre se les ha enseñado a construir para los poderes la Iglesia, los militares o el Estado pero no para la gente. Esto hizo que en el censo de 1971 aparecieran más viviendas de las estimadas, ya que sólo teníamos el dato oficial de las viviendas construidas por el Estado. Pero existían más viviendas y comprendimos que la gente seguía construyendo. Aunque no existen estadísticas muy reales, se calcula que entre un 30 y un 35% de las viviendas, las ha construido la gente, pero por supuesto, con problemas de materiales o de soluciones constructivas ya que no contaban con asesoramiento técnico, y una. buena parte de esas construcciones, no cuentan con la calidad requerida.

Paralelamente a eso, la sociedad cubana que es una sociedad bastante participativa, entendía la participación en el caso de las viviendas, sólo como mano de obra. El programa de las micro-brigadas utiliza a los obreros y trabajadores para construir sus propias viviendas, por no haber constructores suficientes, y esto porque al abrirse nuevas posibilidades de trabajo, el que podía elegía otro tipo de trabajo ya que la construcción requiere mucho esfuerzo, es un trabajo muy duro. Así se llegó a la autoconstrucción, es decir, la gente que iba a recibir esas viviendas una vez terminadas, eran los mismos que las construían. Pero esa gente participaba solamente en la ejecución de la obra. El proyecto se hacía en una empresa estatal y luego se construía en todas partes del país. Estos llamados proyectos típicos, que eran de bloques multifamiliares, causaron bastantes problemas a las funciones urbanas de la ciudad, esto en todo el mundo pues no fue sólo el caso cubano. En nuestro caso los bloques eran más austeros y su calidad estética y urbana no era la mejor.

A raíz de la comprobación de que la gente sí hacía vivienda por su cuenta, se comenzó a brindar cierto servicio con ese fin. Las mismas empresas estatales comenzaron a venderle a la población proyectos de vivienda individuales, con el mismo criterio de proyecto típico. Ustedes cuántos son?, bueno, entonces tienes este proyecto, vale tanto, y así. Ese era el servicio que se les daba. La gente que reformaba, que cambiaba la vivienda, que trataba de adaptarla a su familia, no recibía servicio de ninguna clase, la reforma la asumía por su cuenta.

Otro aspecto que empeoraba la situación era que, para resolver el déficit, el Estado construía viviendas nuevas pero había muy poca rehabilitación de las edificaciones. Porque cuando se tienen recursos escasos hay que administrarlos muy bien ya que no alcanzan para todo. Nosotros cometimos el error de dar todos los recursos para lo nuevo y lo viejo se deterioró mucho, aunque, afortunadamente, lo viejo estaba tan bien hecho que todavía existe en un alto porcentaje y ahora se ha comenzando a reparar. Afortunadamente, nos dio tiempo.

La Habana Vieja, después de Varadero, es el destino que recibe más turistas justamente porque esas edificaciones ya no se ven en ningún lado. Hay muchas edificaciones de la época colonial, concentradas en un lugar y todavía allí de pie. Por ello se convierten en generadoras de recursos. El 80% del dinero que se recoge allí se reinvierte en el lugar y esto permitió emprender un programa de restauración en la Habana Vieja desde 1989.

Entonces vino la hecatombe. Al caer la Unión Soviética y Cuba perder el 75% de sus ingresos por exportaciones, llegó la época de la supervivencia. Se descendió no sólo en la construcción de viviendas, ya que en el año que se tocó fondo, que fue en el 93, en La Habana, que era la ciudad más favorecida, había 8 horas de luz y 8 sin luz, así que imagínense en el resto del país.

En esa época llegó el Arq. Rodolfo Livingston a Cuba, donde ya había estado recién graduado.

En el año 1985 se había creado el Instituto Nacional de la Vivienda. Con anterioridad había habido otras instituciones que se ocupaban de la vivienda y del urbanismo pero en 1978 se descentralizaron las actuaciones y desapareció la atención al tema. En 1991, cuando vuelve Livingston, después de casi 30 años, la Arq. Selma Díaz era la Directora de Internacionales del Instituto Nacional de la Vivienda y lo invita a participar en la Ira Conferencia Internacional de Vivienda y Urbanismo en La Habana. Allí explicó cómo el proyectaba con la participación de la gente. A raíz de su explicación, Selma y el entonces Presidente del Instituto, Lic. Enrique Anavitarte, coincidieron en pensar que esa era la forma más adecuada para que Cuba ofreciera los servicios que debía a la población, ya que a pesar de la crisis tan grande, no podíamos permitir que no se construyeran viviendas. Las viviendas tenían que seguirse haciendo porque la gente debe vivir en condiciones lo menos precarias posibles.

Entonces se decidió que Selma y Rodolfo fueran por toda la Isla dando seminarios. En aquel momento, yo era la Subdirectora Técnica de la Empresa de Proyectos de Vivienda y Equipamientos del país. Estuve en la conferencia pero no supe qué pasó después con eso. Solo sabía que él se iba y volvía y continuaba dando seminarios en las diferentes provincias. Pero la idea no prendía porque todos estábamos acostumbrados a trabajar en las empresas de proyecto, y lo que proyectábamos en La Habana, después se construía inmediatamente en Varadero u otro lugar aunque no tuviera nada que ver. O se construían tres edificios en una comunidad en pleno campo, pero todos estaban acostumbrados a trabajar así y realmente no nos dábamos cuenta de lo despistados que estábamos.

En 1992, a instancias del INV y de la propia Selma se decidió crear un grupo de gente que estuviera interesada en nuevas maneras de construir y en nuevos modos de hacer las cosas, que se llamó HABITAT CUBA. En esa época la situación económica era realmente muy difícil, los convenios bilaterales gobierno–gobierno realmente no existían, y crear una sociedad que promoviera la realización de convenios de colaboración, era una vía para conseguir dinero y poder hacer cosas nuevas. Los fondos comenzaron a llegar, y en todos esos años se realizaron bastantes proyectos.

Cuando se crea HABITAT CUBA, Selma la preside y empieza a llamar gente de diversas instituciones para constituir el grupo. A mí me convocan por la Unión Nacional de Arquitectos. Participaron varias instituciones que destinaron compañeros para elaborar los estatutos y realizar los trámites de organización. A mí me interesó el trabajo, me fui de la empresa y pasé a ser Vicepresidenta de la Organización.

Transcurridos dos años de trabajo en la sociedad, se retoma la idea de dar servicios a la población y se decide hacer una experiencia piloto en una provincia lejana de la capital. Esa posibilidad estaba aprobada por el Presidente del Instituto, no había problema para empezar, y en 1994 se crea ese primer grupo piloto en Holguín. La experiencia tuvo tremendo éxito, a pesar de que esa provincia contaba con una empresa estatal que ofrecía proyectos típicos. Holguín, siempre ha sido uno de nuestros grupos más fuertes en todo el país. Ese mismo año se creó otro grupo, también con mucho éxito.

A partir de la intervención del Comandante Montané, que ya conocía la experiencia, estaba interesado y era el Secretario Ejecutivo del Comandante Fidel Castro, se reunieron Selma y Livingston con Fidel, le explicaron lo que se estaba haciendo e inmediatamente se dio la anuencia para extender la experiencia a todos los territorios donde fuera posible y hubiera profesionales que se interesaran en el tema.

De ahí a acá, han ido creciendo los grupos, los territorios, los municipios. Pero hay una cosa en la que quisiera insistir. Cuando se crearon esos grupos, hubo premisas de cómo organizarlos. Tenían que ser integrados por profesionales, arquitectos y también ingenieros que les gustara ese trabajo, no podía ser solo el que lo viera como un medio de vida, sino que tenía que ser un modo de vida. Porque en Cuba, afortunadamente, los arquitectos nunca se han quedado sin trabajo. Lo que puede ocurrir es que varíe la demanda y eso varíe el numero de ingresos a la Facultad de Arquitectura, pero no se gradúan para después ir a ver que pasa. Por eso es muy importante que si no es lo que les gusta, se dediquen a otra cosa, no pueden ser arquitectos de la comunidad, ya que el arquitecto de la comunidad, además de arquitecto es sociólogo. Cuando el arquitecto puede trabajar con sociólogos, mejor, pero muchas veces no es posible. Otra premisa es que los grupos debían ser pequeños, muy flexibles, sin un rigor muy fuerte de papeleos y planillas, con la menor burocracia posible, no debían ser estructuras como las convencionales empresas de proyectos, debían ser la antítesis de eso.

La burocracia mínima significa que la mayor parte de las provincias lo que tienen en el grupo es un económico-administrativo. En los municipios sólo hay arquitectos exceptuando La Habana que, por tener 2.200.000 habitantes, ha tenido que ir creando instancias que alivien el trabajo de los arquitectos.

Decimos entonces que se funcionara con burocracia mínima, flexibilidad en la estructura y máximo control de calidad a través de la inteligencia colectiva. Para ello se estableció una reunión semanal en todos los grupos en la que se exponen los casos y la gente los discute antes de darle las variantes a las familias.

En el aspecto financiero, desde que se creó el programa, se propusieron tarifas nacionales que dependen del tipo de servicio que se presta. El precio resulta de un porcentaje para cubrir los gastos y un porcentaje para entrega al presupuesto nacional porque no es ejercicio privado de la profesión, sino ejercicio estatal de la profesión. Los grupos son autofinanciados en todo lo que son los gastos corrientes, pero los materiales de trabajo no pueden ser autofinanciados, porque nosotros le cobramos a la gente en moneda nacional pero los recursos que utilizamos son adquiridos en divisas, entonces durante varios años los proyectos de colaboración de HABITAT CUBA eran una vía para respaldar el programa desde el punto de vista material.

Nosotros nunca tuvimos grandes recursos para hacer publicidad, no pudimos lograr propaganda continua y sistemática. Pero nuestra propaganda es la misma gente que queda satisfecha con el trabajo que se le hace y la difusión se realiza de boca en boca. Pero todavía no todo es color de rosa. Hay problemas de locales, no tenemos locales en todos los puntos en que se necesitan, hay locales que son prestados y poco a poco se ha ido completando la infraestructura.

En Cuba se ha logrado mantener un equilibrio poblacional, La Habana conserva siempre un 20% de la población del país. Durante estos años se ha priorizado la construcción de viviendas e infraestructura en las provincias, no se ha promovido el incremento de población en La Habana. Lo que sí ha sucedido es que la población rural pura se ha trasladado a las cabeceras de municipio o a las cabeceras provinciales, pero no se crean conflictos con La Habana.

También se ha construido equipamiento turístico, pero llegan al país muchos turistas de recursos medios y bajos que no pueden ir a hoteles de cuatro o cinco estrellas, entonces se hospedan en casas de familia que alquilan con el permiso del gobierno. Algunos no tienen el permiso e igual alquilan, pero son los menos. Lo mismo ocurre con los restaurantes, no todo el mundo puede pagar un restaurante, entonces aparecieron los «paladares» que son restaurantes privados, en casas, a los que concurren muchos turistas, y así se han ampliado otros servicios ofrecidos por particulares. Aunque no es un número determinante, esa gente ha acumulado dinero y por supuesto viven diferente de la media. Y cuando la gente tiene dinero lo primero que hace, buscando "status social", es mejorar sus condiciones de vivienda. Toda esto trajo como consecuencia una gran cantidad de situaciones irregulares de crecimiento y construcción de viviendas, ya sea para mejorar la condición de vida del propietario o para usarlos como hoteles, casas de citas, etc., todo esto en algunos casos realizado por los propios cubanos pero en otros casos, llevado a cabo por extranjeros que ven el negocio y lo realizan aprovechando la situación.

También se han producido irregularidades por parte de la población que repara o construye debido a la dificultad de realizar el papeleo, ya que se hacía muy engorroso. Algunos materiales de construcción no estaban al alcance de la gente y entonces la gente los buscaba como podía, en ocasiones de forma irregular.

Todo esto trajo como consecuencia que, a partir del año 2000, se tomara la decisión de modificar algunas de las regulaciones vigentes en las que el programa de arquitectos de la comunidad está involucrado. Existe una nueva legislación para quien construye por esfuerzo propio, que no permite a cualquiera realizar el proyecto. Sólo pueden proyectar las instituciones que están autorizadas para ello. Otra resolución trata sobre las convalidaciones de las viviendas que se realizaron o se están realizando sin cumplir con la reglamentación establecida. Allí se indica lo que se debe hacer para regularizarlas. En eso entramos nosotros también.

Además, en el 2000, se hizo el traspaso de algunas funciones relacionadas con las edificaciones de viviendas, que antes realizaban las Direcciones de Arquitectura y Urbanismo subordinadas al Instituto de Planificación Física, como dictámenes técnicos de las viviendas con fuerza legal, sobre el estado técnico y otros, algunos de los cuales sirven como base para iniciar un proceso de litigio en Tribunales. Este tipo de dictámenes ahora los brinda el Programa Arquitectos de la Comunidad para que esté centralizado todo lo que tiene que ver con la vivienda, para que la gente no tenga que ir a un sitio diferente para cada problema que tiene en su vivienda y obtener sus papeles. Porque esa era una de las razones por las cuales la gente no realizaba los trámites.

Además, se emitió un Decreto-Ley de Contravenciones sobre todo aquello que afecta el ornato o la higiene pública, porque una de las cosas que pasaba con frecuencia era que quienes construían por su cuenta violando las regulaciones urbanas, eran multados con cuantías insignificantes y no se obligaba a la demolición. Ahora las multas son elevadas y se obliga a demoler. Todo esto en cuanto a la obra individual.

No les he hablado de algo que para nosotros ha sido la herramienta fundamental de trabajo que es el método participativo, porque lo desarrollará el Arq. Livingston mañana, pero quiero aclarar que para nosotros ha sido el instrumento fundamental para el trabajo que realizamos porque permite la comunicación con los clientes de la forma más adecuada para lograr los resultados esperados. Los clientes prácticamente no se dan cuenta cuando empieza la interacción entre el profesional y ellos de que son capaces de decir cosas y manifestar expectativas que de otra manera no sería posible detectar.

¿Cómo entra lo urbano y el hábitat en nuestro trabajo mas allá de la obra individual?. Efectivamente, el grueso de nuestro trabajo ha sido generado porque la familia viene a pedir una obra. Pero el trabajo se ha desarrollado de una forma tal que también se hacen trabajos estatales, nosotros hacemos las cosas más ágiles, no más rápidas pero si más ágiles, entonces el Estado nos ha contratado para la realización de trabajos colectivos con grupos de gente. En eso también aplicamos el método con las familias y lo llevamos al ámbito general, para lo cual, los cursos de educación popular han sido bastante útiles porque enseñan a trabajar en grupo, a tomar decisiones, etc. Pero descubrimos en un momento dado que hacia falta una integración de todo eso y el método de Livingston. Por eso estamos trabajando en una metodología de desarrollo urbano participativo, donde integramos el método con las técnicas de trabajo en grupo con un enfoque urbano. A esto yo le llamo "aproximación a una metodología", porque nos dimos cuenta que es necesario elaborar una guía para el trabajo. En este momento el país avanza y pensamos que si la producción de materiales se incrementa y si se aplica correctamente la nueva legislación, las construcciones van a aumentar mucho más y debemos ser nosotros los que debemos brindar ese servicio.

Con relación a la formación profesional, todo esto es postgrado. Los seminarios se dan en las oficinas de los arquitectos, se organizan en diferentes puntos para la gente interesada, pero en pregrado no suele cambiarse la forma de acercamiento a los alumnos, aunque el Programa tiene varios convenios firmados con la Facultad. Para los alumnos de quinto año, diferentes instituciones van a la Facultad y dan charlas sobre sus objetivos y condiciones de trabajo y el Programa expone la forma de trabajo en Arquitectos de la Comunidad. Durante la carrera los jóvenes todavía están con su interés puesto en la "gran obra", pero al salir a trabajar, muchos se interesan en las necesidades de la gente y finalmente se acercan al Programa y así tenemos mucha gente joven que se integra. En la actualidad hay 593 Arquitectos de la Comunidad y 151 oficinas sobre un total de 169 municipios. Hay municipios que no cuentan con oficinas por ser territorios de baja densidad poblacional pero se atienden desde el municipio más cercano. En un semestre se prestan servicios a alrededor de 60.000 familias, entre proyectos privados o financiados por el Estado.

Pregunta: Con respecto a lo comentado acerca de la experiencia cubana, el arquitecto de la comunidad y la exigencia de calidad, en mi papel de docente universitaria y trabajadora social, me preocupa en nuestra universidad el tema del arancelamiento, etc.. Quiero saber cómo ustedes articulan con otras disciplinas desde pregrado y posgrado. Cómo trabajan la cuestión educativa a nivel nacional, puntualmente con nuestra preocupación por el arancelamiento.

> Martha: Bueno, yo decía que en pregrado sólo se comunica a los estudiantes de lo que significa la otra arquitectura, esto no entra como asignatura ni forma parte de la currícula. Somos varios los profesores que integramos el Programa Arquitectos de la Comunidad, entonces, evidentemente, la relación nuestra con los estudiantes, se plantea desde ese punto de vista. Logramos comunicarles que, cuando terminen, no todos van a trascender a los libros de arquitectura, sino que muchos van a dedicarse a la arquitectura doméstica, a la de todos los días, porque las ciudades no están hechas de las grandes obras de

arquitectura sino que están hechas de arquitectura doméstica, de la obra que hicieron miles de arquitectos anónimos.

Eso a través de seminarios y de conferencias que se les brinda, pero todo como extracurricular, y se ha logrado concientizar. Además todos los estudiantes viven en barrios, entonces de una manera u otra, reciben la información de los Arquitectos de la Comunidad y conocen el trabajo y les interesa, a algunos desde antes de graduarse. Pero la formación es de postgrado y el plan de capacitación del posgrado es muy estricto, hay una serie de requisitos que tienen que cumplir como parte de la preparación, por ejemplo, se hacen seminarios continuos del método de Livingston. Cuando alguien va a entrar se le da un seminario de iniciación, luego tiene seminarios de seguimiento y después de perfeccionamiento. El programa cubre los costos, dentro de los gastos del programa esta la capacitación. Luego, de lo que queda de ingreso y gasto, una parte se queda en el programa y la mayor parte pasa al presupuesto nacional. Dos veces al año representantes de las provincias se visitan e intercambian experiencias desarrolladas en los distintos lugares y nosotros cubrimos los gastos de movimiento de la gente. Son seminarios a escala nacional y la calidad al nivel de inteligencia colectiva. Cada uno lleva 3 ó 4 trabajos de los más difíciles que se les han presentado para que los otros grupos los vean y viceversa. Todos exponen sus trabajos. También hay cursos de educación popular que se programan y la idea es que todos los arquitectos de la comunidad reciban esos cursos. Hay una institución en La Habana, el Centro Martín Luther King Jr, que los imparte.

En las diferentes Facultades de Arquitectura del país se dictan maestrías con diferentes temas, entre ellos, "la rehabilitación", porque se da muy poco en pregrado, y en Cuba hay que aprenderlo de todas maneras, porque el fondo es inmenso y tiene mucho deterioro, y también "la vivienda social". Esas maestrías son prácticamente obligatorias. Cada grupo tiene que mandar a sus miembros cada cierto tiempo a cursar esas maestrías. Dentro de poco vamos a dar un seminario en el cual se van a tocar temas de arquitectura para discapacitados porque ya hay algunos grupos que se han tenido que enfrentar a ese problema, y como es un tema para el cual no se han preparado, se debe atender esa necesidad.

Una de las funciones que nos traspasaron es el tema de los dictámenes técnicos para tramites jurídicos. En un 80% son problemas de litigios entre vecinos, entonces en el próximo mes, en la Reunión Nacional de Jefes de Grupos Provinciales, queremos destinar una parte del tiempo a que varios arquitectos de la ciudad de La Habana demuestren con ejemplos prácticos que, en los casos de litigios, también se puede aplicar el método participativo. Porque al principio, cuando todas esas funciones pasaron para el Programa, la mayor parte lo rechazó porque se veía como una cuestión burocrática. Pero en la realidad no es así, en la práctica tu enseñas a la gente a enfrentar esos problemas de colectividad y cómo resolver de la mejor manera posible una discusión de ese tipo. O sea que la capacitación es uno de los temas más amplios, y a veces nosotros vamos capacitando a medida que los temas se van presentando.

Pregunta: Si es posible profundizar sobre lo que se ha dicho acá, sobre el nuevo papel del arquitecto en un sistema estatal, entonces entiendo que los arquitectos que participan reciben un sueldo... supongo yo. Por favor, ejemplifica cómo se expresa esa flexibilidad profesional en la vida cotidiana, ante un modelo burocrático Cómo se expresa, ya sea en horario, en el trabajo grupal, en el trabajo con asistentes sociales... Yo imaginé el modelo de la medicina homeopática, del medico barrial que se acerca al paciente.

Martha: El Programa tiene una cosa que se llama Reglamento Orgánico que establece criterios que son iguales para todos, los tipos de cargos, el mínimo de papeleo, etc., pero la flexibilidad está en que cada territorio organiza el trabajo según sus características. Por ejemplo, el horario es abierto, no se trabajan 8 horas todos los días, a lo mejor se trabajan 16 un día y otro no, porque hay que adecuar el trabajo, porque como se trabaja con las familias, si la familia te puede recibir por la noche, tu tienes que ir en ese horario, si te puede recibir el sábado o el domingo, vas el sábado o el domingo. No hay un horario estricto. Hay

municipios en donde lo que existe es una oficina en el mismo municipio que está abierta todo el día con arquitectos de guardia. O sea, a ti
te toca estar en la oficina lunes y martes, a otro le toca otro día. Lo
importante es que el trabajo se realice en un término de tiempo que
cada tipo de servicio tiene establecido. Todo el tiempo hay un arquitecto de guardia recibiendo las consultas, el que no esta ahí está trabajando, porque la mayor parte de los arquitectos trabaja en su casa
debido a que no existen locales, no existen estructuras de proyecto.
Hay algunos grupos a los que se les han dado una casa y algunas mesas
y entonces prefieren trabajar allí, pero eso lo escogen ellos, el tema es
que realicen su trabajo. Hay municipios donde la oficina no es conve-
niente porque son territorios muy amplios, entonces si el arquitecto
trabajara en la oficina municipal tendría que moverse mucho y la gente
tendría que recorrer distancias muy largas. Entonces esos grupos fun-
cionan en los consejos populares que son los territorios más pequeños.
Ese arquitecto que atiende en un consejo popular no atiende todos los
días, atiende dos veces por semana y el resto de los días va al barrio o
dibuja, ahí está la flexibilidad.

Con relación a los honorarios, el arquitecto tiene un sueldo básico que
lo recibe si produce una cantidad de dinero. Si produce 500 pesos, gana
340 pesos. No es un Programa para capitalizar. A partir del año 1997
se comenzó a aplicar un "pago por resultado" donde el arquitecto si
llega a producir 750 pesos o más puede ganar hasta 465 pesos que en
Cuba es un salario digno. Teniendo en cuenta todas las cosas que son
muy baratas y las que son gratis, no es un salario amplio, es un salario
digno, y ellos ganan más porque como están trabajando en la base,
ganan más que yo que soy la Coordinadora Nacional que gano 360
pesos. Ellos pueden ganar hasta 100 pesos más que yo si realmente
producen lo establecido.

En estos momentos, el trabajo, con la asimilación que se hizo de los dictámenes técnicos, es bastante grande, hay mucha demanda, y los
arquitectos están produciendo mucho más que esos $750. Están pro-
duciendo más de mil debido a la presión de trabajo que hay. Vamos a
tener que hacer algo. Ese es el plan de pago por resultados.

Pregunta: Recién se habló de la diferencia en el gusto preconcebido del arquitecto cuando sale de la universidad y de cómo ese gusto se enfrenta a una nueva forma de trabajo, y, por otro lado, se habló de ese gusto menos académico formado por otras vertientes que lleva la familia cuando va a buscar una solución para su hábitat. Quería saber si pueden hacer una reflexión, no tanto en cuanto al proceso de esa otra arquitectura, sino alguna reflexión en cuanto a los productos que esta nueva arquitectura del hábitat está dando como resultado. ¿Cómo varió en ustedes la concepción del producto desde una nueva forma de encararlo?.

Martha: Independientemente de que tú en el pregrado lo que recibes es diseño puro, en este tipo de trabajo la escala cambia mucho, el ritmo, la simetría. En una obra de 6 metros de frente... a lo sumo se pueden manejar las proporciones,. Y ese es uno de los aspectos con los que choca el arquitecto que se dedica a este trabajo, porque aún cuando se dedique a la arquitectura doméstica, cuando empieza a trabajar, todo el mundo trata de que su obra tenga un toque de dignidad, y eso ayuda mucho porque precisamente, cuando uno trabaja a esa escala, se trata de que el producto final tenga una calidad de diseño digna. Porque además no cuentas con los materiales, eso es parte del propio reciclaje que tiene que sufrir quien se dedica a eso. Rodolfo sabe, él ha visto las obras.

Muttoni: Nosotros todavía no contamos con los suficientes casos como para arribar a alguna conclusión. De hecho estamos tratando de armar una conclusión para poder empezar a hablar de lo que significa este tipo de arquitectura.
Aquí se abre una veta interesante desde el punto de vista del diseño que tiene otras reglas, que tiene otro tipo de cosas y que proviene de otras formas de trabajo. Y en eso tenemos cifradas expectativas de que podemos desarrollar lenguajes y objetivos dentro del trabajo, como la creación de conocimiento, la discusión sobre la estética, etc. Esas cosas forman parte de la práctica y creemos que es posible sacar de allí un buen producto arquitectónico, pero no con los mismos paradigmas, con toda una reflexión que todavía no sabemos para donde va.

Martha: Quisiera hacer una aclaración con relación a los costos del programa. Se dijo que si el arquitecto produce tanto, recibe tanto; que lo que produce genera el cobro del servicio. Hay casos de subsidio que son manejados a escala nacional o son manejados por los municipios y esto depende de si hay relación de dependencia, de cómo se seleccionan los equipos técnicos, etc.

Muttoni: Cuando yo me refería a lo que se produce, efectivamente es el cobro de los servicios. Nosotros cobramos por etapas, cobramos la primera entrevista y luego vamos cobrando lo sucesivo. Si la gente se retira ya se cobró algo, entonces, cada servicio tiene una tarifa y ese dinero y las tarifas son nacionales. El criterio sobre el trabajo es el mismo que tiene Uruguay, el trabajo cuesta lo que cuesta, el trabajo no se regala.

Martha: Nosotros en Cuba tenemos una situación particular que es la doble moneda. Hay cosas que se pagan en dólares y cosas que se pagan en pesos, a una equivalencia de un dólar por veinte pesos por ejemplo, pero lo que se cobra en dólares es todo aquello que no es imprescindible para la vida, eso se cobra a un precio mayor, Los precios en dólares no son bajos, y los precios del mercado paralelo en moneda nacional tampoco son bajos.

Por ejemplo, para comprar un par de zapatos. Los zapatos que usan los jóvenes cuestan seiscientos pesos cuando los hacen artesanos. El arquitecto gana 465. Ahora esos 600 pesos son 30 dólares. El proyecto más caro que puede hacer un arquitecto de la comunidad, que es una rehabilitación compleja, vale 315 pesos. Entonces en las provincias pobres se presentan casos en los cuales nos dicen que los precios nuestros son muy caros. Entonces yo le digo, mire, un proyecto nuestro cuesta menos que un par de zapatos y es una obra de creación, de intelecto, y eso se debe pagar, es tan valiosa como un libro o como un cuadro. Cuando hay gente que no puede o no tiene dinero, porque allá a pesar de la crisis trabajan por lo menos dos personas por familia y tienen que

ahorrar para acceder a algunas cosas, bueno, esos casos son considerados casos sociales y los asume el territorio, los asume el sistema de
vivienda que nos paga a nosotros y luego costea la obra. Es muy común
en los casos de conventillos que deben rehabilitarse y son proyectos
complejos e involucran a varias familias, estos casos se convierten en
casos de interés de las autoridades a quienes les interesa que ese edificio se rehabilite.

El desarrollo y consolidación de una organización no gubernamental y su significado social

Arquitectas Susana Murphy / Vivian Balanovski
Fundación Vivienda y Comunidad - FVC

Queremos agradecer a quienes nos invitaron, porque este seminario en el ámbito de la FADU nos da la posibilidad de conectarnos con otras experiencias para seguir aprendiendo y además poder contar qué hacemos como arquitectos para trasmitirlo a los estudiantes, esperando que se interesen en estos temas.

Para empezar diremos que tomamos el trabajo con los sectores populares como una opción profesional, no como una tarea secundaria. Es el trabajo prioritario de la mayoría de quienes integramos el Equipo Técnico de la Fundación Vivienda y Comunidad. Empezamos, sin pensarlo demasiado en el año '77, en un contexto que todos conocemos, muy duro y difícil pero en el cual, una gran parte de la población pensaba que a partir de la acción conjunta, de la participación, de la solidaridad, se llegarían a generar condiciones más justas en la sociedad y de alguna manera cambiar ese contexto. Esta idea, que venia conformándose desde antes del '77 significó un elemento que nos unió en un objetivo común. En realidad la profesión en ese momento no estaba en juego, el trabajo era una actividad de articulación comunitaria donde desde espacios políticos o religiosos, en muchos casos en tareas coordinadas desde capillas, simplemente por solidaridad, estábamos trabajando en relación con grupos de familias, en nuestro caso, habitantes de una villa de emergencia en Capital.

La posibilidad de empezar a trabajar como arquitectos surge a partir de un hecho muy traumático, el Plan de Erradicación de Villas de la Municipalidad de la Ciudad de Buenos Aires que empieza en el año '77. En ese momento trabajábamos en una de las villas que se erradicó casi al inicio, porque era una de las más extensas y expuestas: la villa 31 de Retiro. Casi paralelamente empiezan a desaparecer otras villas. De un día para otro se destruían el Centro Comunitario, las casas, la gente y todo lo que había en el lugar, respondiendo a una acción compulsiva y planificada por el Gobierno de la Ciudad.

Se conformó un primer equipo, que podemos decir fue la semilla de la Fundación Vivienda y Comunidad y el origen de la opción que resolvimos adoptar.

Cuando en ese momento quedan las familias sin lugar donde vivir se juntan dos energías: una que se movía desde la necesidad de las familias y otra, la nuestra, que empezaba a descubrir que podíamos pensar en construir casas; barrios junto con ellas. Comenzamos a plantearnos toda una etapa de gestión y a entender que no sería un proceso de resultados inmediatos. Había distintas visiones, distintas experiencias, distintas prácticas desde lo profesional, pero estaba lo básico: la necesidad de conseguir un lugar para que las familias se trasladaran y comenzaran a construir las viviendas.

Así, el año 1978, comenzamos con el único sistema que conocíamos en ese momento: la autoconstrucción por ayuda mutua y esfuerzo propio. Así empezamos con la construcción de los 2 primeros planes.

Todo lo que sabíamos de esta forma de trabajo era lo que habíamos leído en la bibliografía existente. Necesitábamos más y es por eso que, en el año '80, para aprender de los que ya tenían experiencia en el tema, formulamos un proyecto para conseguir financiación para un Seminario junto con otras organizaciones. El CEVE (Centro Experimental de la Vivienda Económica) de Córdoba, que ya entonces contaba con una trayectoria reconocida en el tema, compartió esta iniciativa acompañando al incipiente Equipo Técnico de Vivienda, germen del actual equipo de FVC. Se concretó entonces el Primer Seminario de la Vivienda Económica, en el cual se presentaron experiencias de la República de Uruguay, de El Salvador, de Chile, de la provincia de Mendoza y de algunos países de Asia y, a través de la presencia de representantes de organizaciones que ya tenían conocimiento acumulado en el tema, comenzamos a construir la base de aprendizaje práctico para tratar de sistematizar, en alguna medida, los pasos a seguir para planificar los planes de autoconstrucción.

Con esta metodología de autoconstrucción asistida se implementaron dos proyectos de barrios con familias que estaban siendo erradicadas de la Villa de Retiro. En el momento en que el segundo proyecto estaba en construcción, se produce otra erradicación, esta vez generada por la construcción de la Autopista del Buen Ayre, en el gran Bs. As. Algunas de las familias que estaban siendo expulsadas, se conectaron con nosotros y a partir de entonces, comenzaron a darse los pasos para iniciar el tercer proyecto.

¿Con qué los construimos? Para los dos primeros proyectos conseguimos donaciones de la comunidad. El tema sensibilizó a un grupo de gente con recursos que aportó los fondos necesarios para terreno y materiales. El equipo trabajaba ad-honorem y los futuros habitantes del nuevo barrio aportaban su mano de obra. Los dos primeros planes se construyeron con estos aportes. Para el tercero conseguimos financiamiento externo, y ya llegamos al '83 cuando comenzó la etapa constitucional de la cual se esperaba una apertura para poder lograr apoyo desde el Estado y, en función de esa idea, con otros técnicos que promovieron otras Cooperativas que se formaron en el momento de la erradicación con objetivos similares y los pobladores que se agrupaban en estas organizaciones, se hizo un análisis de la situación y se elaboró un Documento con Propuestas para una Política de Vivienda dirigida a los sectores de bajo recursos. Ese documento se repartió a todos los candidatos políticos con posibilidades de estar en el Gobierno en el '83. Cuando asumieron las nuevas autoridades volvimos a insistir con el tema tratando de impulsar una política concreta y convencidos de que dentro del Estado hay siempre, alguna brecha, alguna posibilidad con determinados funcionarios, con determinados técnicos que, aunque generalmente no son quienes tienen la decisión política definitiva, pueden promover alguna acción puntual. Entonces surgió, desde un organismo del Estado (en ese momento estatal, hoy privatizado), el Banco Hipotecario, el programa TECHO, que nos posibilitó encarar la

2da. Etapa del 3er. Plan de Autoconstrucción.

Los cuatro planes de autoconstrucción significaron la construcción de 229 viviendas. Esta cantidad, para la magnitud del problema que produjo la Erradicación de Villas de la Ciudad de Buenos Aires y de otras que hubo en el Gran Buenos Aires como consecuencia de la realización de obras públicas, en realidad era muy poco, pero para nosotros fue muy significativo porque pudimos optar por seguir trabajando en el tema y decidimos con qué sector lo íbamos a hacer. Desde entonces, hace más de 20 años, trabajamos con familias de bajos ingresos y con las organizaciones que los representan.

Desde los primeros trabajos, la complejidad de la problemática que tienen estos barrios estuvo presente. Tienen problemas urbanos, ambientales y una multiplicidad de complicaciones desde lo físico; pero hay otra serie de componentes sociales y psicosociales, que debemos contemplar en el trabajo. Es por eso que la sola visión del arquitecto aislado no sirve. El arquitecto aislado no puede abordar en forma integral esta problemática, es necesario trabajar en forma interdisciplinaria. En nuestro equipo, comenzamos trabajando básicamente arquitectos y asistentes sociales y en algunos momentos puntuales colaboraron sociólogos. Actualmente en FVC, hay abogado, psicóloga social y un sector administrativo permanentemente. Lo habitacional es lo que aparece como lo más evidente, como la necesidad más clara que la familia visualiza. Pero es necesario contar con tierras e infraestructura, hay que salir del barrio por una calle y hay que tener recursos para hacer los proyectos, porque si no nada de eso funciona.

¿Qué es lo que se requiere para abordar estos temas?
En síntesis, para abordar esta problemática, es absolutamente necesario tener una mirada crítica con respecto al contexto, pero no exclusivamente para condenar a ese contexto, sino para saber qué es lo que ese contexto nos facilita, qué es lo que presiona, qué elementos son obstáculos para seguir adelante, y planificar en relación con lo que pasa afuera del proyecto. El contexto es el que genera la problemática, el contexto es el que excluye, el sistema es el que excluye a determinada cantidad de gente y va generando estas situaciones graves que se siguen manteniendo en nuestro país a través de los años. Hay que conocerlo y buscar la manera de modificarlo.

Por lo dicho antes debe existir un equipo interdisciplinario donde las diversas profesiones se articulen operativamente.

Nuestro equipo se formó con la participación de la comunidad, incluida naturalmente porque empezamos trabajando junto a la comunidad en muchos temas que no tenían que ver directamente con el mejoramiento habitacional. Esa forma de acción estaba instalada y se sigue respetando. No la mantenemos sólo por costumbre sino porque creemos que es fundamental la participación de la comunidad, porque son quienes conviven con el problema y lo han encarado históricamente con sus propios recursos y capacidades. Pero hace falta más. Es también imprescindible que otros sectores se articulen con los proyectos y con las necesidades para poder abordar los problemas en forma integral.

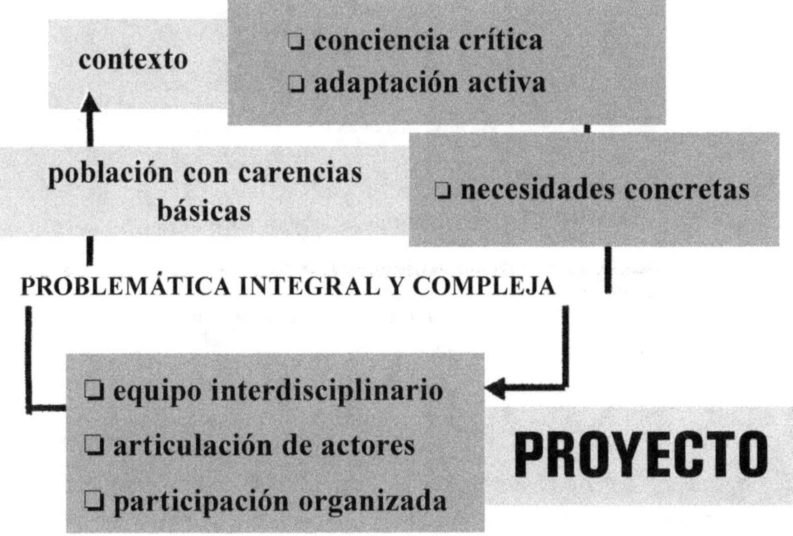

Un abordaje integral exige soluciones alternativas. La idea de construcción de una vivienda terminada que planteamos al principio, se ha abandonado prácticamente en este momento, es sólo una de las alternativas para una determinada porción de la población. Existen otras, como el mejoramiento progresivo, como los planes de lotes urbanizados donde la gente se asienta solamente con la tierra y la infraestructura, como la regularización urbana y dominial, fundamental en el caso de villas y asentamientos, el mejoramiento o la construcción de los locales comunitarios, del lugar de reunión, del lugar donde se desarrollan las actividades de la comunidad. Y es importante resaltar que cuando se habla de mejoramiento barrial o mejoramiento habitacional parecería que lo físico es lo primero, lo prioritario, pero en algunos casos el punto de partida es otro. A veces es necesario comenzar por la organización, por el fortalecimiento organizativo de las Organizaciones o de los grupos que muchas veces ni siquiera son organizaciones formales. Con la comunidad organizada, el tema de la gestión del proyecto es siempre más ágil y generalmente más exitoso.

SOLUCIONES ALTERNATIVAS

❏ construcción de vivienda

❏ mejoramiento progresivo de vivienda

❏ lotes urbanizados

❏ regularización urbana dominial

❏ construcción o mejoramiento de locales comunitarios

❏ fortalecimiento organizativo

❏ mejoramiento de infraestructura de servicios

Con respecto a la metodología de trabajo, sintetizamos pasos metodológicos que son universales, es decir trabajamos desde un diagnóstico de la situación inicial. Cuando revisamos esta exposición, nos dimos cuenta que la construcción de la FVC ha seguido los mismos pasos que contemplamos en la metodología. En un primer momento se hizo un diagnóstico de una determinada situación, se analizó cuales eran los elementos que estaban jugando, se priorizaron problemas, se armaron los proyectos, se gestionaron y se construyeron. Lo mismo formulamos en los barrios. Es el trabajo que hacemos para consolidar la institución. Son simplemente los pasos lógicos para encarar cualquier proyecto.

PASOS METODOLÓGICOS

- diagnóstico de situación inicial
- priorización de problemas y selección de soluciones posibles
- formulación y gestión del proyecto
- ejecución
- evaluación

ACTIVIDADES TÉCNICAS

- asesoramiento técnico integral
- asistencia técnica y financiera
- capacitación
- seuimiento y monitoreo
- investigación y sistematización

Como técnicos hemos ido aprendiendo la manera de acercarnos a los grupos, hemos ido simplificando los pasos para poder tener un ida y vuelta con la gente más fluido, para poder transferirles elementos útiles que puedan utilizar independientemente de la presencia de los técnicos. Buscamos que ellos se apropien de la metodología y la apliquen en otros proyectos. Las actividades que realizamos podrían englobarse en el tema de la consultoría barrial, pero a veces somos asesores técnicos, otras veces somos capacitadores, en algún momento promovemos proyectos y en otros realizamos seguimiento de proyectos que no han sido generados desde la institución. Todas las actividades se articulan en una línea de aprendizaje permanente a través de la cual podemos ir renovando y adaptando lo que vamos haciendo.

Ahora trataremos de sintetizar cómo adaptamos los pasos básicos en distintos programas de trabajo, cómo se va dando el proceso. En el caso de los Programas de Mejoramiento Habitacional se promueve el mejoramiento progresivo sobre la base de créditos grupales o individuales. En este caso la participación de la comunidad se da desde el principio porque nos conectamos con las organizaciones barriales y a través de éstas se hace la difusión, se elige el local donde se hará la difusión y se organizan las reuniones en las que se explica todo el proceso para que la gente del barrio pueda adherir e inscribirse.

Este programa posibilita el mejoramiento de las instalaciones sanitarias, completar las viviendas que están incompletas durante años con créditos graduales, de manera que se puede ir haciendo un seguimiento y comprobar el cumplimiento de las condiciones pactadas y, en todos los casos, se registra el proceso, desde la presentación del primer croquis hasta la finalización de la mejora.

Esta operatoria comenzó siendo sólo para viviendas y paralelamente nosotros trabajábamos con el mejoramiento de los locales comunitarios con fondos de subsidio que se agotaron. A partir de charlas con organizaciones y por pedido de las mismas surgió la posibilidad de comenzar a trabajar con créditos para el mejoramiento de sus locales. Así se han mejorado guarderías y comedores, centros de capacitación y otras sedes comunitarias, y este programa es una muestra de cómo se van adaptando y articulando nuestras ideas con el lenguaje y las ideas de la población o del grupo con el que estamos trabajando.

Pasando de lo habitacional al mejoramiento barrial, hemos trabajado con lotes urbanizados, y esta experiencia fue muy interesante por que se articularon cuatro organizaciones técnicas, logrando urbanizar 936 lotes en tres localizaciones en el Gran Buenos Aires. Nuestro equipo todavía está trabajando con uno de los barrios integrado por 286 familias.

En este, ahora barrio, después de un proceso de 3 años de preparación para el asentamiento, de gestión de los recursos y de articulación con el Estado, (se consiguió un crédito del Banco de la Provincia de Buenos Aires), se sortearon los lotes y se eligió el nombre del barrio. Es decir hay todo un proceso previo hasta llegar a la firma de un boleto de compra-venta y comenzar a darle vida al asentamiento.

No es un proceso automático, es un proceso conjunto y de alto esfuerzo de la gente para poder lograr el mejoramiento. Nosotros hemos intervenido con la operatoria de mejoramiento de vivienda y con apoyo social y organizativo permanentemente.

El completamiento del barrio se logró con recursos propios de los habitantes y otros conseguidos por las gestiones que se realizaron en forma organizada, como por ejemplo la construcción de un Jardín Maternal con aportes del Gobierno de la Provincia de Buenos Aires. El barrio, que ahora tiene calles mejoradas y en el caso de la entrada al Jardín Maternal calle asfaltada, es un ejemplo que muestra como los muchos o pocos recursos que se utilizan al inicio, normalmente se van incrementando por el esfuerzo de la población.

Continuando con la descripción de nuestro trabajo y la conformación de la institución, alrededor de los años 83/84, y a raíz del conocimiento del documento sobre propuestas para líneas de acción para abordar la temática del hábitat de los sectores populares, dos arquitectas interesadas en este campo y en la postura que allí se planteaba, se relacionaron con la Fundación Vivienda y Comunidad. Se planteó un vínculo de trabajo en un marco de formulación de investigaciones como becarias del Conicet en dicho campo y eligiendo a esta institución como lugar de prácticas, lo cual llevó finalmente a su integración al Equipo Técnico de la FVC.
El objetivo del trabajo partía de una hipótesis: proponer la radicación de una villa contraponiéndola a la postura de "erradicación", buscando alternativas posibles de rescate y remodelación de todo "lo recuperable" y de reemplazo de "lo irrecuperable".

La villa sobre la que se trabajó fue Villa Jardín en Lanús (42 hectáreas). El relevamiento físico y socio-organizativo de un sector apuntaba a elaborar un diagnóstico participativo de la situación e ir configurando alternativas para construir esta hipótesis de trabajo.

La estructura urbana existente presentaba una aparente consolidación de las manzanas, en los lotes ubicados en su periferia. Sin embargo asomaban uno o más accesos estrechos por cuadra que conducían a una realidad precaria, desordenada y hacinada al interior de cada manzana. Existían numerosos pasillos y las calles pavimentadas eran escasas y, en general, de tierra apisonada. La situación dominial del barrio presentaba una gran complejidad dado que coexistían tres tipos de propietarios: un sector de manzanas era de la Provincia de Bs. As., otro del Banco de la Provincia. de Bs. As. y por último, un tercero, era de propietarios particulares. En algunos casos se encontraron lotes con doble titularidad de acuerdo al lugar por dónde pasaba el límite de cada sector. Lindantes con los terrenos de Villa Jardín se encontraban los terrenos de Fabricaciones Militares, que habían sido identificados como una potencialidad para realizar la relocalización de familias a fin de descongestionar el hacinamiento encontrado, conscientes de que este requisito era imprescindible en cualquier propuesta de reordenamiento.

Fuimos haciendo un trabajo de relevamiento físico y socio-organizativo sobre algunos sectores, viendo las manzanas, el estado de las viviendas (las distintas situaciones desde su realidad constructiva), esto conjuntamente con los habitantes. Simultáneamente se trabajaba con la organización vecinal para ir detectando los requerimientos, generando tipologías de alternativas técnicas y propuestas de trama circulatoria más racional, que requeriría un traslado y movimiento de familias y a su vez proponía espacios comunitarios por manzana.

El esquema que se preparó fue simple, comprensible y apropiable, y además, sirvió como herramienta de comunicación para que la organización comunitaria pudiera transferir la información y las propuestas a los vecinos. Dicho esquema reflejaba la situación existente, la tipología de las propuestas y cómo se iba a ver la situación rectificada a futuro.

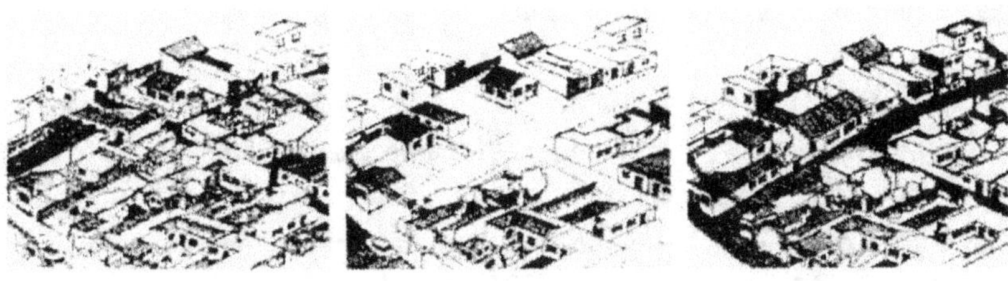

En Villa Jardín trabajamos durante varios años logrando como resultado una propuesta técnica con variadas alternativas urbanísticas y constructivas, grupos barriales informados, sensibilizados y dinamizados con relación a la problemática. Lo que siempre estuvo ausente fue el decisor político gubernamental responsable, sea la Municipalidad y/o la Provincia. de Bs. As., para hacerse cargo de la responsabilidad de definir y gestar un proyecto con la gente e implementar soluciones de fondo en ese barrio. El paso de los años da cuenta de la apropiación social del proyecto, puesto que los participantes armaron una carpeta después de nuestro retiro del barrio, tomándola como base para distintas gestiones con relación al mejoramiento del barrio.

Posteriormente, durante la década de los '90 y en el marco del Programa Arraigo/Nación (venta de tierras de la Nación a sus ocupantes) pudimos asesorar a dos organizaciones al frente de dos barrios incluidos en este Programa: Villa IAPI del Barrio Santa María, Bernal Oeste y Villa Palito, Barrio Almafuerte, en La Matanza.

El trabajo de investigación participativa y propositiva realizado en Villa Jardín dejó una capacidad técnica instalada en nuestra organización que nos permitió y facilitó responder a la demanda de estas organizaciones para despejar y entender el proceso de Regularización Urbana y Dominial que debían enfrentar con el Arraigo.

El asesoramiento comprendía identificar qué había que hacer: la cadena de componentes (problemas a resolver de tipo urbanístico-constructivos, socio-organizativos, legales, financieros y administrativos, obtención de la tierra, elaboración del anteproyecto de reordenamiento, factibilidades, etc), sus formas de relación y quienes lo harían (actores sociales, roles, incumbencias, derechos y responsabilidades), a fin de obtener la titularidad de la tierra y el mejoramiento de los barrios.

En el caso del Barrio Almafuerte hubo un proceso de capacitación trabajado en talleres, en los cuales se abordaron todos los aspectos. Se produjo un material de apoyo que luego fue retomado por la organización como guía para sus gestiones posteriores, dando como resultado el "Boletín Informativo" que se observa en la imagen, evidenciando aquí también una apropiación de los contenidos de los talleres por parte de los responsables de la organización como herramienta de información a toda la población (1300 familias). También se realizó un proceso de asesoramiento técnico para definir la propuesta de urbanización de un sector libre del barrio, que se trabajó en conjunto con la Dirección de Ordenamiento Urbano de la Provincia de Bs. As.

Finalmente, para cerrar la exposición, decimos que la implementación de alternativas de solución a la problemática del hábitat popular, es una ardua pero necesaria tarea que viene realizándose desde hace años por muchos equipos técnicos en todo el país.

Todas nuestras acciones son planteadas como una muestra tendiente a influir para que el Estado las incorpore dentro de políticas para el hábitat popular, de modo de ampliar el alcance de estas alternativas implementadas desde hace años. Esta es la idea. La realidad es que hasta el momento esto no se ha logrado. Se han incorporado como proyectos pilotos en varios casos, pero hasta ahora no se ha definido una política permanente que permita aplicar estos modelos probados para aportar a la solución del problema habitacional. Falta visión y decisiones políticas para lograrlo.

Por otra parte, no es sencillo mantener los equipos. En nuestro caso hemos podido diversificar las fuentes de financiamiento, aunque dependemos en gran medida de agencias de cooperación externas. Por cierto, nos hemos conectado con instituciones que han significado un apoyo casi permanente y sin más condiciones que el cumplimiento de nuestras propuestas de trabajo. Esto nos ha posibilitado una alta flexibilidad para ir adaptando nuestras estrategias. De cualquier modo, la subsistencia de un equipo de estas características implica, cada 2 o 3 años repensar, renovar ideas y reformular el proyecto institucional. Esto lleva su tiempo y no es lo ideal, pero es la única forma que hemos encontrado para continuar con esta opción profesional.

PROHA-UDEVIS la continuidad de una experiencia
Prestación de servicios profesionales a población de bajos recursos

Arquitecto Rubén Gazzoli
Director de UDEVIS, ex Director de PROHA

En el año '85, con la energía que daba la entrada en la nueva democracia, un grupo muy pequeño de arquitectos decidimos comenzar un trabajo de integración de las experiencias que habíamos tenido, hasta ese momento bastante esquizofrénicas, por lo menos en mi caso. Yo había estado muchos años en el CEUR (Centro de Estudios Urbanos y Regionales) trabajando en investigación, y por otra parte, políticamente, trabajaba con la comunidad en otras cuestiones.

Con esta casi iniciación de la democracia en nuestro país, soplaban aires como para empezar a pensar en un futuro nuevo que significaría un cambio sustantivo. Para ello se hacía necesario avanzar sobre el dominio financiero que había ocupado directamente el espacio del Estado con el golpe del '76. Creíamos que para construir una realidad diferente había que fortalecer básicamente a los grupos de base, y así el nuevo gobierno democrático, tendría una plataforma fuerte en la disputa por los espacios de poder. Nuestro grupo (PROHA – Programa Hábitat) no pertenecía a ningún partido político; con relación a cuestiones ideológicas nos metíamos desde algunas experiencias de trabajo con la comunidad o bien desde el trabajo en el ámbito teórico. Nunca habíamos juntado las dos cosas y esto era un intento no solo de trabajar con la comunidad, sino de empezar a ver qué era la comunidad, qué era la gente pobre, qué era todo ese mundo en el que teníamos que accionar y por lo tanto había que conocer. No se planteaba como una cuestión meramente experimental.

Por otra parte lo que habíamos advertido, lo que había advertido toda la sociedad no solo nosotros, era que había sectores sociales que estaban al borde de ser marginados definitivamente, y nos parecía que todo proyecto político futuro de transformación no podía llevarse a cabo con una población marginal muy grande. Había que evitar que la población cayera en la marginalidad, es decir que fuera desplazada, por que de la marginalidad es muy difícil volver; de la pobreza se vuelve pero de la marginalidad, realmente es casi imposible.

Este era el programa con el que empezamos. Pero entonces no pensábamos que nosotros solos lo podíamos llevar a cabo sino que, en realidad, esto que nos pasaba, este pensamiento que teníamos, era un pensamiento que debía estar más o menos extendido en la sociedad y en consecuencia, habría una cantidad de organizaciones de la sociedad civil, y también desde el Estado, que propugnarían por llevar adelante proyectos de este tipo. En ese momento había además ciertas condiciones internacionales favorables, es decir, había muchas organizaciones internacionales que apoyaban a las ONG. Existía un cuadro de situación que permitía pensar que esto podía ser una nueva forma de práctica laboral, de práctica profesional. Es decir, no se planteaba como que éramos gente que salía a hacer esto en el tiempo libre que nos dejaba el trabajo, sino que esto que hacíamos fuera la base de nuestra subsistencia, es decir que este trabajo era una nueva forma de práctica profesional.

El planteo era básicamente dar servicios técnicos a la población, para ayudarlos en todas las cuestiones del hábitat y la vivienda, pero pensando que no sólo ayudábamos en los aspectos, que uno podría decir, de pertenencia exclusiva del arquitecto; sabíamos que había que trabajar primero en la consolidación de las comunidades, en la organización de los grupos, en la búsqueda de recursos para estos grupos. Es decir que había una cantidad de tareas de distinto orden para las cuales era imprescindible la existencia de un grupo que pudiera apoyar a las comunidades en todos aquellos aspectos que sirvieran a su afán de mejoramiento. Esto era un poco el principio ideológico con el que comenzamos en aquel momento.

Armamos un primer proyecto y luego buscamos financiamiento, primero en el Estado y después, ante la falta de respuesta, o mejor dicho, ante una respuesta negativa del Estado, empezamos a buscar financiamiento en instituciones externas al país, en instituciones de ayuda internacional. Y conseguimos el apoyo de una organización que era la Interamerican Fundation que dependía del Senado de los Estados Unidos.

Pero teníamos un problema que era cómo establecer comunicación con la comunidad. Es decir, uno arma un proyecto de este tipo y se pregunta: ¿y ahora cómo me comunico con la gente?, ¿cómo llego?, ¿cuál es la estrategia que tengo para poder llevar esto adelante?. Cuando nos planteamos esto pensamos que debíamos plantear y estructurar el proyecto incorporando precisamente a los grupos de la comunidad que estuviesen organizados.

Entonces fuimos a ver a la Coordinadora de Inquilinos de la Ciudad de Buenos
Aires y le planteamos lo que queríamos hacer. Esto porque nuestra visión en ese
momento era que en la Ciudad los problemas estaban básicamente centrados en
los inquilinatos y hoteles, que éstos constituían básicamente el área de trabajo. Le
propusimos entonces hacer una investigación para ver cuál era la situación real
en estos lugares, es decir, hacer una puesta al día de la información sobre inquilinatos y hoteles. En realidad los estudios que existentes eran trabajos realizados
fundamentalmente en la época que tuvieron una gran expansión, y se estudiaban
desde el punto de vista de un problema político o bien, se realizaban descripcio-
nes históricas. Pero no existía un relevamiento de situación, no se sabía qué pasaba realmente en esos establecimientos, y menos en los hoteles.

Los hoteles habían emergido después del '56, cuando se modifica la Ley de
Alquileres vigente durante el gobierno peronista. El hotel era una forma de bur-
lar la legislación sobre alquileres. La persona ahí solamente tiene alojamiento,
como si fuera un hotel común, inmediatamente.

Para llevar adelante el proyecto le propusimos a la Coordinadora de Inquilinos de
la Ciudad de Buenos Aires trabajar juntos y llevar adelante un estudio de este tipo.
Conseguimos el financiamiento y desarrollamos la metodología para ejecutarlo;
era un trabajo muy arduo basado en relevamientos y encuestas a los inquilinos.
Se hacían encuestas a los habitantes de hoteles, se tomaban fotografías de los
lugares, se hacía una descripción del stock físico y de las condiciones de ocupación.
Para realizar la tarea se decidió contratar como encuestadores a la gente que vivía
en inquilinatos y hoteles. Nos pareció que de esa manera primero empezábamos
a construir una red de relaciones con el sector con el que queríamos trabajar y
que además existía la ventaja de que, como eran pares de los que vivían allí, tenían una facilidad muy grande para entrar, hacer las encuestas, relacionarse. Eran
los mismos que en un momento estaban de un lado y en otro estaban del otro. Se
contrató un grupo de personas y se realizó una tarea de capacitación para llevar
a cabo la encuesta.

Efectivamente hicimos todo esa preparación y cuando tuvimos resultados y
comenzamos a trabajar (esto era en el año '85), descubrimos que la realidad era
bastante distinta a lo que habíamos imaginado. Lo primero, que gran parte de lo
que creíamos inquilinatos, en realidad eran casas tomadas. Este fenómeno apare-

cía con una importancia muy significativa dentro de la situación general y además mostraba un nivel de marginalidad muy alto porque el ocupante era totalmente distinto al que vivía en inquilinato u hotel. El que vivía en un hotel era alguien que tenía trabajo y podía pagar, debía tener un ingreso fijo; el que vivía en un inquilinato, en general, era alguien que venía de generaciones anteriores de vivir en inquilinato y se había quedado viviendo allí; en cambio el que vivía en casas tomadas era alguien que se había quedado en la calle y que no tenía otra alternativa. Esta gente no tenía casi ingresos, era changuista o cartonero, y su única alternativa era la calle o tomar una casa.

Como a principio de los ochenta había un stock muy grande de viviendas desocupadas, viejas y deterioradas, esto se transformó en una estrategia común. Se sumó, además, un aporte muy importante de uruguayos que habían sido corridos de Uruguay, y que tenían experiencia porque había pasado un fenómeno parecido en Montevideo. Sobre todo en Villa Crespo, que era una de las zonas que nosotros trabajábamos, había muchos uruguayos ocupando casas.

A partir de este descubrimiento de las casas tomadas, empezamos a trabajar con el entonces Ministerio de Bienestar Social, porque una de las bases conceptuales nuestra era que, en realidad, lo que había que hacer, era forzar al Estado a intervenir en esta situación. Nosotros no podíamos reemplazarlo, lo único que podíamos hacer eran trabajos casi experimentales para que después lo pudiera reproducir el Estado en una forma significativa. Nuestra capacidad de acción era muy limitada, no podíamos superar una experiencia, no teníamos recursos, así que el Estado era una de las patas del trípode. Es decir, un trípode cuyas patas eran la comunidad, nuestro grupo de trabajo (PROHA) y el Estado, con esa forma de ver la realidad estuvimos trabajando constantemente.

Entonces, con el Ministerio de Bienestar Social, empezamos a accionar para colocar en la opinión pública el conocimiento de esta realidad. Organizamos un seminario muy grande en el Teatro San Martín en el que participaron precisamente los actores, aquellos que estaban ocupando casas y que hasta ese momento habían estado "sumergidos" porque les parecía que el hecho de aparecer iba a poner en riesgo su situación, cosa que en realidad no ocurrió. Después de ese seminario, que tuvo mucha prensa por distintas razones (salió publicado en casi todos los diarios; es más, un diario de Suiza dedicó un suplemento especial, cosa muy curiosa, al tema de los inquilinatos en Buenos Aires) se consiguió no sólo que el tema tomara estado público sino que comenzara a interesar a algunos miembros de los partidos políticos, sobre todo a aquellos que estaban en el Consejo Deliberante en aquel momento. Este seminario, además, ayudó a establecer una relación con todos esos grupos a los cuales inicialmente pensábamos ayudar. Ellos mismos empezaron a pedirnos colaboración para ver cómo salían de la situación.

Elaboramos algunos proyectos técnicos y también armamos algún proyecto de legislación para que desde la esfera del Estado se pudieran modificar situaciones. Pero en general ninguno de los proyectos tuvo éxito.

Simultáneamente a este proceso, algunas de estas personas que estaban viviendo circunstancialmente en casas ocupadas, comenzaron a adherir a grupos que tomaban tierras, con lo cual, automáticamente, nos empezaron a pedir ayuda para que interviniéramos en el proceso de organización posterior a la toma. Es decir, nosotros no participábamos de la toma, no favorecíamos la toma, pero una vez que estaba echa, nosotros íbamos a trabajar con ellos para que realmente pudieran urbanizar y hacer un barrio, que era el objetivo real de la gente. El pensamiento generalizado del sector que tomaba no era hacer una villa, sino hacer un barrio; y por eso funcionaban de otra manera; para ellos era importante hacer el trazado de las calles, la división de lotes y empezar a construir la infraestructura, etc., etc., o sea, construir un barrio.

La primera experiencia fue en un barrio que se llama San Jorge y que se encuentra en Villa Domínico. Uno de los integrantes del grupo que llevó a cabo la toma había trabajado como encuestador y ocupaba una casa. Cuando realizan la toma nos llama para que lo ayudemos en el proceso de organizar el loteo, etc., etc. Habían tomado una parcela privada que estaba a una o dos cuadras de la estación de Villa Domínico y que tenía las mismas características del resto del barrio que la rodeaba. Conviene aclarar que prácticamente toda Avellaneda está bajo la cota de inundación, y como esta parcela grande estaba baldía, cuando se fijó la cota de inundación, la dueña no podía venderla. Por lo tanto, la toma favorecía a las dos partes, a la dueña que no podía realizar el capital que tenia ahí muerto, y a la gente porque ésta era la única forma que tenía para acceder a un lote pagándolo en cuotas. (Recordemos que a partir de la Ley 8912, para este sector popular, era realmente imposible acceder a un lote, ya que la exigencia del tamaño de los lotes y de los servicios que debían tener, los ponía en términos económicos, fuera de su alcance). Entonces los ocupantes hacen un acuerdo con la propietaria y empiezan a pagar: Nosotros (PROHA) hacemos un convenio en este caso con la

Universidad Tecnológica para trabajar en el barrio y empezamos a hacer el trazado de calles, el parcelamiento y después el tendido de redes.

Lo que nos llamaba la atención al grupo de arquitectos era que, en realidad, nadie nos pedía que le hiciéramos un plano para la casa. Parecía que nosotros solo servíamos para hacer la cosa general, es decir la infraestructura, la cuestión de la urbanización, pero que cada vecino sabía como debía hacer su casa. Eso nos llamó mucho la atención. Hablamos con varios y nos dimos cuenta de que para ellos el arquitecto era alguien que sólo podía hacer cosas muy lindas, muy decorativas, pero que no podía trabajar con ellos, con ese sector social. Así fué que decidimos armar una exposición de trabajos para poder mostrar cuantas alternativas había para organizar una casa, y la hicimos, por supuesto, en el barrio (pegamos los paneles en las casas). La gente se quedó admirada porque era algo que nunca había pensado ni imaginado.

Este era un sector de clase media baja (no era un sector marginal) pero nunca había tenido relación con arquitectos, nunca había pensado en un arquitecto (y probablemente tampoco en un entomólogo), nunca había tenido por qué acudir a él y por lo tanto no lo conocía. En cambio sí conocían a los abogados, porque en general todos, en algún momento, tienen que recurrir, o por un juicio laboral, o por alguna cosa. Es decir, es una profesión conocida, pero para ellos, el arquitecto no lo era. A partir de ese momento empezaron a llegar pedidos de asistencia.

Después se produjeron otras tomas en la periferia de ese mismo lugar y por supuesto la gente que tomaba siguió requiriendo nuestros servicios, pero básicamente también para este tipo de cosas. Es decir, esta primera experiencia nos puso en contacto con un sector que cuando uno mira desde un determinado lugar parece todo homogéneo, pero en realidad, en todos los lugares hay una heterogeneidad muy grande. No es lo mismo un grupo que toma que un grupo que vive en una villa, ni es lo mismo el grupo de la villa 21-24 que el de la 19. Son grupos sociales, que, como todos, tienen diferencias muy grandes, de todo tipo, a veces por la procedencia cultural, a veces por historias particulares del grupo. Pero lo real es que nadie puede hablar "en general" sobre esto. Esto que desde la teoría, digamos desde el campo de la investigación, es válido y permite teorizar y hablar del proletariado o hablar de los pobres como si fueran una masa homogénea, se desvanece cuando se está en el campo de la acción, ya que cuando uno comienza a tener contacto, se da cuenta de que no es así y que, por lo tanto, los diseños de equipo de trabajo tienen que ir variando de acuerdo a la situación que se va enfrentando.

Nosotros comenzamos trabajando con un equipo formado básicamente por arquitectos y sociólogos. Después hubo que incorporar abogados, después hubo que incorporar asistentes sociales. Teníamos un equipo mínimo de base pero en cada momento el trabajo requería ir agregando especialidades en función de las situaciones que se planteaban. Por ejemplo, cuando instalamos un consultorio en el Barrio Ramón Carrillo pensábamos que el problema del barrio era básicamente el de asistir a las familias en la ampliación de sus viviendas. Pero cuando empezamos a operar ahí, nos dimos cuenta que en realidad, los problemas eran de orden legal, problemas de migraciones ilegales. Había muchas cuestiones que nunca habían sido consideradas y que les creaba a la gente una situación de ilegalidad. Podríamos decir que existían muchos problemas que la gente no advertía porque no había una experiencia anterior en estos grupos, sobre todo de los de más bajos recursos. Nunca han sido propietarios de nada y no saben lo que es ser propietario, no saben qué papeles hay que tener ni cómo se llega a la propiedad. Para ellos hay una confusión muy grande entre la tenencia y la propiedad y cuando están en un lugar les parece que ya son propietarios aunque no tienen ninguna prueba legal de la propiedad. Esto genera mucho conflicto sobre todo cuando aquél que se supone propietario se muere porque no hay forma de acreditar la propiedad. Este era uno de los problemas centrales. Es más, había gente que no había inscripto a sus chicos, había muchos problemas graves típicos de la marginalidad. De repente había que girar, es decir había que abarcar estas cuestiones antes que llegar a la ampliación de la vivienda, esto era básico.

En el año 1990 el Movimiento de Villas y Barrios Carenciados de la Ciudad de Buenos Aires nos convoca como asesores para trabajar con ellos asistiéndolos en su lucha por legalizar sus tierras, en realidad para radicar las villas, ése era el propósito final. Simultáneamente comenzamos a trabajar con una villa en particular que fue la 21-24. Allí iniciamos una experiencia más decidida de consultorio, ya que las anteriores habían sido de asesoramiento en general a la comunidad, un trabajo con todo el grupo más que trabajos individuales. Pero habíamos adquirido mucha experiencia en cuanto a las conductas o a los prejuicios de estos grupos con respecto a todo lo que concernía al tema de la vivienda.

Plano de ubicación villa 21-24 - Barrio Barracas

zona	Barracas
viviendas	2952
familias	3192
habitantes	12132, proyección en base a censo 1993
superficie bruta	65.84 ha
organización	Consejo Vecinal - Mutual Flor del Ceibo
registro catastral	50-C-91
dominio	Mutual Flor del Ceibo

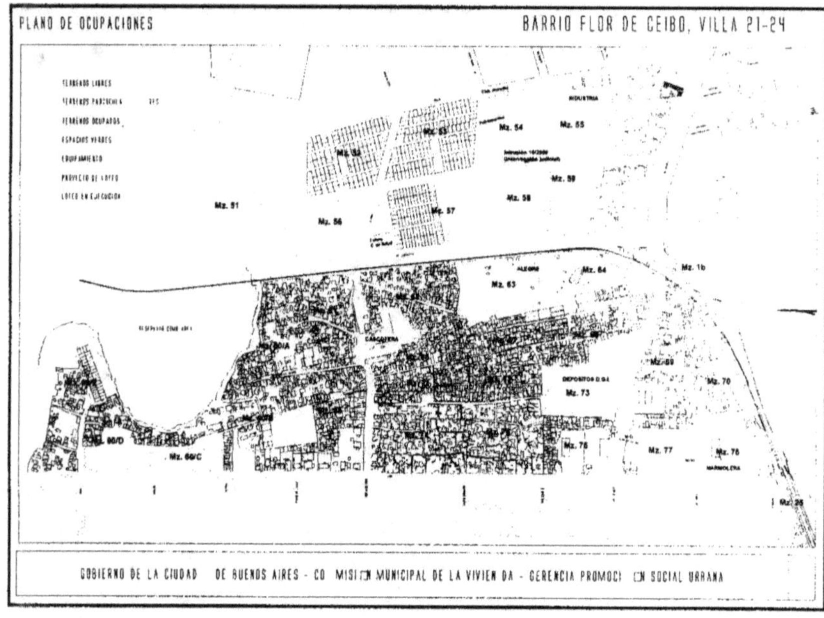

Estas experiencias nos permiten advertir que existe un cúmulo de prejuicios que deben ser despejados para que no actúen como obstáculos para el logro de los objetivos habitacionales de las familias, y para ello se requiere mucho más que la mera acción de construcción, se requiere de una acción integral, una acción de discusión y debate de esos temas, se requiere de algo que elimine esos prejuicios que juegan en contra de su propio bienestar.

Existe otras cuestiones que se transforman en barreras casi infranqueables, pero lo rescatable de estos grupos humanos es una energía fantástica y una increíble capacidad de superar las peores situaciones. Es necesario integrar al grupo, para cualquier acción, como una fuerza de transformación, no como elementos pasivos a los que se les entrega algo, sino como una fuerza de transformación interna del grupo, porque ésta no solo es necesaria para construir el hábitat, sino que produce una transformación personal que va emergiendo con el avance del proyecto, es el orgullo de haber conseguido hacer la casa, es decir, tiene una significación social mucho mas profunda.

Una de las cuestiones importantes que me gustaría señalar en esto es el hecho de haber tenido que recurrir a una Fundación para financiar estos proyectos, para que nuestro trabajo fuera rentado. Esto nos creó problemas, yo diría que graves, porque como todos los años había que renegociar el subsidio, todos los años había que ofrecer algo más para que el subsidio siguiera existiendo, lo cual cada vez se constituía en una sobrecarga mayor y significaba trabajar muy extendidamente en el tiempo y con mucha intensidad, esto constituía un hecho que uno iba sintiendo como pérdida.

Además uno de los fenómenos que vivió este país (y que hasta ese momento venia pasando sucesivamente) fue que de repente se produjo un cambio monetario sustantivo, y todo aquello que era barato para la Fundación dejó de serlo. Nosotros representábamos un Programa barato que ya no podía seguir siéndolo aunque teníamos que conseguirlo, debíamos ser quizás más baratos para que la Fundación nos siguiera subsidiando, lo cual significaba que cada vez estábamos en peores condiciones operativas y era muy dificultoso continuar. Junto con otras organizaciones, entre las que estaba Fundación Vivienda y Comunidad, peleamos para que el Estado aceptara la asistencia técnica como un tema remunerable, cosa que no hacía hasta ese momento. El Estado nos convocaba para que trabajáramos adhonorem, apoyando a algunos sectores, pero eso realmente no es posible excepto que uno tenga fortuna, o tenga a alguien tan enamorado de uno que lo financien. Pero el enamoramiento es siempre circunstancial, nunca es para siempre. Y estas fundaciones tienen otras lógicas que dependen de los cambios políticos en su país, dependen de la visión que en ese momento tengan del país, etc., etc.

Cuando en el '89 la gente toma esas tierras, cuando se realizan esos procesos empezó el periodo de hiperinflación. Yo no sé si ustedes recuerdan lo que fue ese año. La gente en general no tenía recursos. La población de los asentimientos comenzó a entrar en crisis, los padres de familia querían ir a tomar los supermercados pero las madres en algunos lugares se opusieron y empezaron a generar actividades para dar de comer. En estos asentimientos pasó eso, en uno de ellos se armó una Organización que se llamó Club de Madres del Arroyo y comenzaron a ir a los comercios a pedir mercadería para cocinar y darle de comer a la gente. Lo hacían con un nivel de precariedad inimaginable, tenían un cuartito de chapa de 3 x 3, con suelo de tierra, una garrafa y cocinaban para todo el barrio. Esto generó una economía familiar increíble. La familia ya no necesitaba prácticamente gastar dinero en la alimentación, con lo cual los recursos para mejorar la vivienda se potenciaron.

En ese momento nosotros hicimos una encuesta para ver cómo estaba funcionando el tema y descubrimos familias que empleaban hasta el 40% de su ingreso para hacer su vivienda, es decir, que la solución que encontraron para su alimentación paralelamente les había solucionado una cuestión vital.

Dentro de estos grupos, los ingresos se consumen fundamentalmente en comida. En salud en determinadas situaciones, y en vestimenta y otras cuestiones gastan muy poco. Existe una urgencia real muy grande por llegar a consolidar la vivienda, porque en la etapa de no-consolidación, cuando la gente toma las tierras y vive en carpas, o debajo de un pedazo de nylon, o bajo cuatro chapas, la precariedad es tan grande que los chicos se enferman permanentemente y se hace imposible sostener una familia en esas condiciones. Entonces, llegar a tener una pieza de material es un cambio sustantivo para toda la familia, es la protección real de la familia y es por todo esto que estaban decididos a hacer el esfuerzo.

Digamos que había una cuestión de organización colectiva que era básicamente para la defensa de la tierra, que era el bien común. Después cada uno se arreglaba por su cuenta para hacer su vivienda. En el tema vivienda no había una operación colectiva, cosa que cambia sustantivamente cuando hay intervención del Estado a través de prestamos o lo que fuere, y se hace posible generar un colectivo para hacer las casas.

En 1990 cuando empezamos a trabajar con el Movimiento Villero 32 todo lo referente a la negociación con el Estado para llevar adelante la radicación de las villas. La Villa 21/24 nos pide que trabajemos específicamente con ellos. En realidad en esa etapa sólo podíamos asesorarlos para negociar, porque pensar en asesoramiento técnico era algo realmente traído de los pelos. Nadie estaba ni mejorando su vivienda ni haciendo nada, todo estaba parado y deteriorado. La negociación era el tema fundamental en el que podíamos apoyar.

La negociación fue una experiencia interesante porque se organizó una mesa de concertación en la que se sentaba desde el Intendente de la Ciudad de Buenos Aires hasta los dirigentes villeros. Era una negociación atípica e interesante en ese sentido. Pero de repente, por razones políticas, la rompieron. En esa época estaba Grosso en la Intendencia y se presentaron otras conveniencias políticas. Conclusión: rompieron el proceso, transformaron a los dirigentes villeros en funcionarios municipales quienes comenzaron a cobrar sueldos como tales y se terminó la mesa villera.

En ese momento e inesperadamente, desde el Gobierno Nacional comienza el proceso de privatizaciones. Alguien dijo: "tenemos un stock de tierras fantástico que podemos hacer dinero". También inesperadamente caen en la cuenta de que, de ese stock de tierras, una buena parte estaba ocupada y por lo tanto no se podía vender en el mercado inmobiliario. Así fue, y ésta es una interpretación personal, que decidieron que esas tierras se venderían a los que las ocupaban, a los villeros. Con la proximidad de las elecciones, desde Arraigo[1] , les ofrecen venderles las tierras. Para hacerlo, la villa tenía que tener una organización que fuera capaz de comprar las tierras, porque no se podía vender a cada ocupante sino que había que venderlas a un colectivo que luego se encargara de organizar, lotear, y vendérsela a los adjudicatarios. La única organización que tenía la villa en ese momento era una mutual que se había organizado para recibir fondos de Naciones Unidas para construir un edificio para los niños y la juventud, "La Casa del Niño y la Juventud", que consistía en un proyecto para atender y contener sobre todo a chicos y adolescentes que estaban sin poder incorporarse al estudio, o al trabajo y, por lo tanto, entraban rápidamente al camino de la delincuencia y de la marginalidad. Esta mutual hace de contraparte al Gobierno para la compra las tierras.

1. El Programa Arraigo tiene a su cargo las operaciones inmobiliarias estatales referidas a los sectores sociales de bajos ingresos.

A partir de aquí se abre una nueva historia. A la Villa se le vendieron 64 hectáreas de las cuales 32 ya estaban ocupadas y el resto era un gigantesco basural, razón por la cual no se había ocupado. Era un basural que tenía muchos años de existencia y unos 3 metros de altura, y más aún en algunos lugares. Hubo que hacer un gigantesco operativo para limpiar los terrenos, tarea de la que se ocupó en aquel momento el Gobierno de la Ciudad, que también se encargó de abrir el trazado de calles y de hacer el pavimento. El problema que surgió en ese momento fue precisamente la urbanización, hacer que la gente empezara a asentarse ahí, que pudiera construir su casa.

En ese momento tuvimos que replantear nuestra tarea; ahora era necesario instalar un consultorio de arquitectura para dar respuestas a estas familias que empezaban a urbanizar. Los primeros edificios o las primeras viviendas semillas la hizo la Municipalidad. Consistieron en un conjunto de unas 25 viviendas (unidades semillas) de muy poca superficie y realizadas con una tecnología muy elemental de paneles de ladrillos huecos. Venia los paneles ya construidos, se paraban, se ubicaban, se ponía las losetas arriba y quedaba cerrada la unidad. Era una especie de construcción racionalizada. Pero también estaba pensada en una forma muy artificial porque se hacía la cáscara y dejaban que el adjudicatario hiciera las instalaciones, sanitaria, etc., y todas las terminaciones que eran la parte más complicada y hara la cual la gente no estaba preparada. Lo más lógico hubiera sido hacer al revés, hacer al menos toda la instalación sanitaria, todas aquellas tareas que requieren mayor adiestramiento y dejar las de menor complicación para que las hiciera el adjudicatario. Pero en este caso se planteó al revés. Vaya a saber cual fue la lógica de quien lo planteó de esta forma, pero esto fue lo que se hizo.

Después el Estado se retiró. Se produjo un quiebre político, cayó Grosso, y devino una nueva administración con una nueva política y, en consecuencia, la villa quedó abandonada.

En la calle principal se había comenzado la tarea de relocalización de la población que ocupaba su traza, esto con un gran esfuerzo de la gente. Se preparó todo para abrir la calle y sin embargo pasaron alrededor de tres años para abrir y pavimentar.

Volviendo al consultorio de PROHA, una de las cosas interesantes fue la forma en que la gente dibujaba o graficaba la casa que quería. Se atendía los sábados a la mañana que era el momento que estaba toda la gente del barrio, venía el matrimonio o toda la familia; algunos venían solamente diciendo somos tantos, queremos una casa, el lote nuestro es de tal tamaño. No todos los lotes eran iguales porque había algunas asimetrías y las manzanas, al no ser iguales daban lotes distintos dependiendo de la ubicación, por eso cada uno venia con el tamaño de su lote, con el ángulo de su lote y decía " yo quiero una casa para mi familia que somos tantos" y había otros que venían con dibujos y ahí uno se daba cuenta de las dificultades de comunicación que tenemos nosotros o mejor dicho que tenemos mutuamente (ellos con respecto a nosotros y nosotros con respecto a ellos) para relacionarnos en este tema.

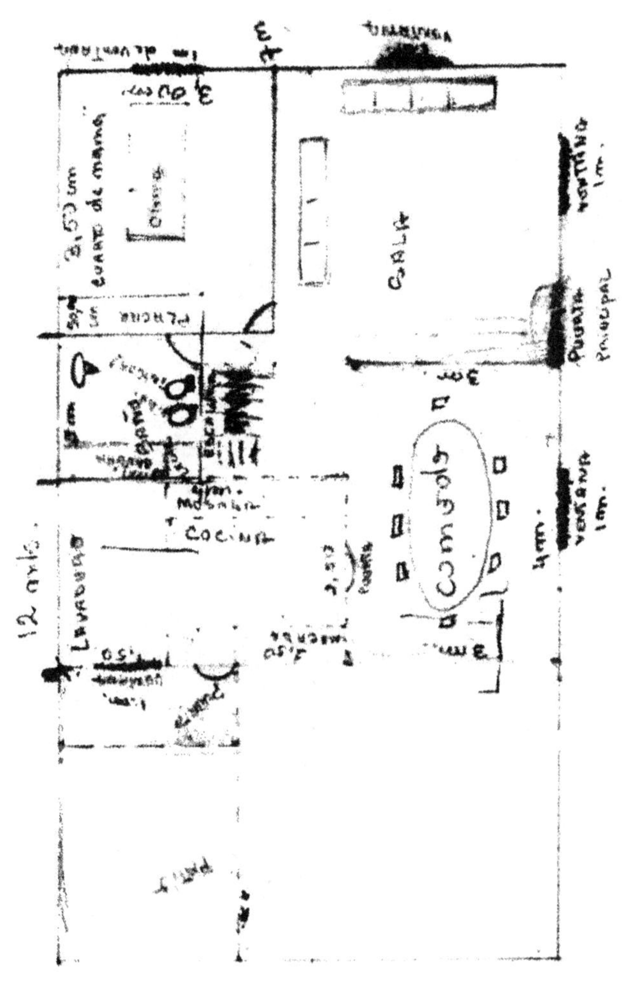

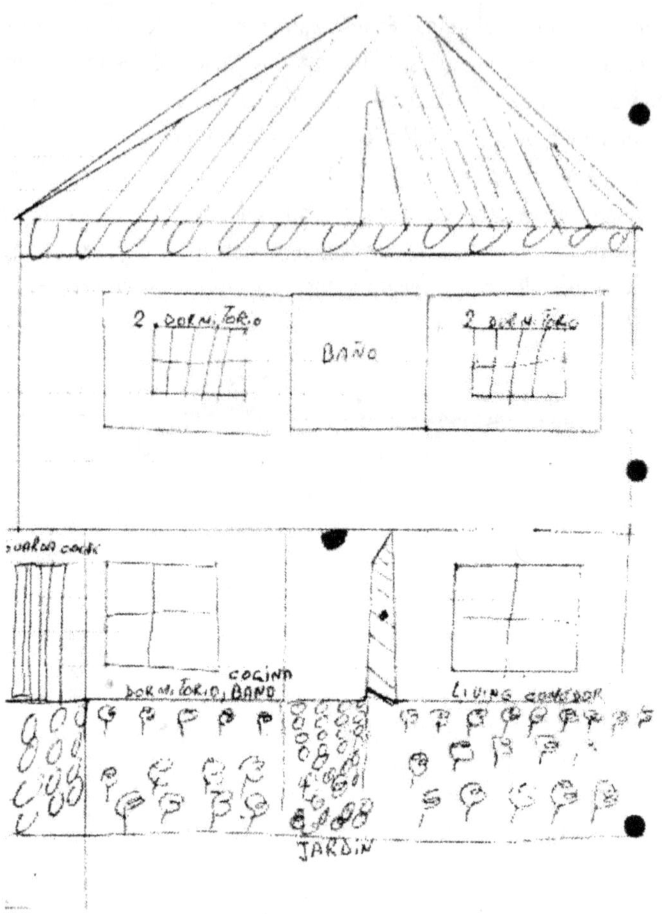

Este es el más inesperado para nosotros, por que demuestra una cosa muy afectiva, muy significativa de lo que era para ellos la casa. Esta familia presentó un dibujo, que le habrá representado mucho trabajo porque la hicieron con regla y lápiz, de una casa que en realidad es el frente de la casa, el jardín, el caminito de entrada y el techo de tejas. Son los valores afectivos, en los que ellos están poniendo el esfuerzo, que es en definitiva la energía que da posibilidad. Si uno destruye esta energía, si uno destruye la ilusión, es muy difícil que alguien emprenda una tarea que le va a demandar gran parte de su vida.

Entonces el tema es cómo no destruir la ilusión pero paralelamente hacer algo que sea posible para que esta familia lo lleve adelante. Este dibujo, es el más extraño de todos, hay un techo de tejas, hay florcitas. Están todas las cosas que en realidad juegan en la fantasía "yo quiero una casa así".

• En este caso estas personas empezaron a pensar al revés, pensaron en cómo era la casa por dentro, cómo la iban a vivir, entonces está la mesa, la cama, dice "dormitorio de mama". Fíjense la carga emotiva que hay detrás de esto que no es simplemente un dibujito, tampoco es el orden de las relaciones funcionales, es otra cosa.

• Hay quienes se aproximan a un esquema funcional que en general es muy reiterado: los dos dormitorios y el baño en el medio, el esquema del departamento.

Mientras nosotros hacíamos esto también presentamos proyectos en la Legislatura para modificar la legislación. Cuando se inicia este proceso de venta de las tierras la Municipalidad crea una reglamentación especial para los lugares de villas, crea la U 31, que es una zonificación especial para las villas, que permite parcelas mucho más chicas de 72 m², de 6 m de frente como mínimo por 12 m de fondo como mínimo, habilita a hacer calles peatonales, calles vehiculares de 10 m. Crea una cantidad de condiciones especiales que son apropiadas para hacer un uso mas intensivo del terreno, porque con las normas generales no se hubiese podido llegar nunca a radicar toda la población, las normas generales de la ciudad establecen lotes muy grandes.

Entonces presentamos a la Legislatura un proyecto de modificación de los otros aspectos de la legislación que en realidad hacen al costo de la vivienda. El Código de Edificación es un código pensando, básicamente, para la producción mercantil, y para proteger al comprador se fijan una cantidad de normas mínimas. El Código de Planeamiento también fija una norma de mínima, "si tiene tantas habitaciones, el living tiene que tener tal dimensión", existe una cuestión de relaciones que es precisamente para evitar la especulación en el mercado y que se vendan viviendas imposibles de habitar o que crean malas condiciones de habitabilidad. El problema es que acá lo decisivo era alojar en las mejores condiciones posibles a la gente, pero también en condiciones tales que pudiera afrontarlo, con sus escasos recursos. Entonces presentamos un conjunto de modificaciones de aspecto por ejemplo: reducir la altura mínima de los locales con lo cual se ahorra una cantidad de superficie de construcción, modificar la relación entre cantidad de habitaciones y living-comedor, es decir, una cantidad de cosas que permitían hacer economía. Por ejemplo, no sé si ustedes vieron las viviendas económicas en México; en esas construcciones se permiten las escaleras casi verticales (como escalera manual) no se requiere toda la norma de escalera ya que la norma de escaleras implica el espacio de un local. Para la economía de una vivienda todos estos temas son decisivos. Finalmente, con distintos argumentos, esto nunca fue considerado, nunca pasó de la Comisión de Vivienda de la Legislatura. Algunos desde una convicción ideológica preguntaban porqué había que hacer una norma distinta para la gente pobre. Hubo consideraciones de distinto tipo que por ahí éticamente son valiosas pero que a nivel operativo no tienen mucha significación para la gente.

La tarea que nosotros intentamos desarrollar ha sido siempre incidir sobre el Estado para que éste empiece a modificar sus formas de operación. Y en esto aparece una cuestión decisiva, preguntarnos ¿qué es el Estado?. En realidad, en los países muy estabilizados, donde hay una tecnocracia estatal, donde hay una carrera administrativa estatal, el Estado tiene una cierta continuidad, mas allá del cambio de las administraciones, entonces, cuando se habla del Estado, se está hablando de un aparato que tiene políticas de una cierta continuidad, que tienen políticas nacionales que estructuran al resto y posibilitan conformar un sistema.

La experiencia en nuestro país es que cada cambio de administración implica un cambio decisivo en todo lo que es política de Estado. Antes era porque la discontinuidad política era la norma. Los golpes de estado caracterizaron el período 1956-83 y su lógica era la de cambiar íntegramente los lineamientos políticos y, por lo tanto, la discontinuidad se correspondía con el asalto al poder. Sin embargo lo que yo llamo la Nueva Democracia no ha alterado esta idea de "el Estado soy yo" que aún comparten los funcionarios de menor jerarquía y, en consecuencia, no puede haber la continuidad jurídica que caracteriza a las democracias de los países centrales y que requiere el capitalismo para su desarrollo.

Por otra parte el funcionario piensa que su lealtad es sólo con el partido al que pertenece y no con los ciudadanos, con los cuales actúa solo en términos partidarios, hecho que termina generando una fuerte separación con la sociedad civil.

Algo de lo ocurrido, aunque nadie podía pensar que nuestra pequeña acción pudiera alterar las relaciones de poder ni alterar el decurso de los hechos políticos, es un ejemplo de lo dicho.

Estábamos trabajando en Avellaneda con la población que había tomado tierras y creado el asentamiento Nueva Ana. El Municipio, o mejor dicho algún funcionario, lo primero que supuso es que éramos un grupo político adverso al que gobernaba, porque, ¿quién más puede estar haciendo una cosa así?. Con lo cual, nos caracterizó como rivales. Entonces, decidió organizar un equipo desde la municipalidad y hacer lo mismo. ¿Que pasó?: mandaron a la toma al equipo. Pero el equipo es un grupo de gente que cumple 7 hs. de trabajo y en un horario determinado y cuando iban a la toma no había nadie, cuando ellos se iban era justo cuando la gente empezaba a llegar. Así que no pudieron operar, pero fíjense en la idea. En lugar de plantearse apoyo al proyecto, de decir "vamos a trabajar juntos", fue "vamos a discutirle el espacio a esta gente porque nos puede sacar votos".

La experiencia nuestra con la Comisión Municipal de la Vivienda fue igual durante la primera etapa en que actuábamos bajo la bandera de PROHA, por una interna política entre distintas líneas del partido gobernante. Después de aprobar los recursos para financiar la investigación sobre hoteles e inquilinatos y con el convenio listo, la pelea interna hace que nunca se firme. Curiosamente, una vez que lo publicamos (la investigación finalmente fue financiada por la IAF), el Consejo Deliberante de la Ciudad, durante otra gestión, lo declara de interés Municipal. Cuando empezamos a trabajar en las Villas, la Comisión nos ve como alguien que colabora con la Comisión, que colabora con la gente, pero que en realidad, es como un bicho aparte, el cual no forma parte ni de los convenios ni de nada. Así PROHA desaparece, debido a la inacción del Estado.

Cuando nosotros negociábamos la renovación de los subsidios con la IAF teníamos que mostrar qué hacía el Estado Argentino para mejorar esta situación. Porque hay una cosa que es elemental. Si desde afuera hay una sociedad que está aportando fondos para mejorar a otra o a cierto sector, y esta misma sociedad desde su Estado no respalda esas acciones, es un poco como decía ese "señor norteamericano": "que los plomeros y carpinteros norteamericanos no estaban decididos a apoyar a alguien que no se apoyaba a si mismo". En otros términos, si el Estado Municipal, si el Gobierno local, no tiene ningún interés por estas cosas, por qué nosotros vamos a estar apoyando esta acción.

Y efectivamente así sucedió después de la primera intervención de la Comisión Municipal que había consistido en desmontar los terrenos, de trazar y pavimentar las calles. Con el cambio de autoridades devino la inacción y todo lo que se había previsto, todo lo que se le dijo a la gente que se iba hacer, no se hizo. Por consiguiente la IAF dijo: "bueno muchachos, la verdad es que si el Municipio no quiere poner nada más, nosotros tampoco ponemos nada más ". Y el que quedó totalmente desprotegido fue el grupo social con el que estábamos trabajando, por que no sólo perdió el apoyo de la Municipalidad, sino que también perdió el poco apoyo que le dábamos nosotros. Y fíjense que esto fue consecuencia de una política municipal.

En ese momento se extinguió PROHA.

En el año '98 la Facultad de Arquitectura me abre la posibilidad de volver a hacer una acción de ese tipo y así se crea UDEVIS.

UDEVIS parte de la misma concepción, hacer investigación, trabajar con sectores populares en cuestiones del hábitat y también llegar a hacer formación. Esto último es lo que está más atrasado y es más complicado de llevar adelante, porque para formar a alguien ese alguien tiene que estar entusiasmado con la idea de hacer algo. sino es imposible. Digamos, si no hay inteligencia afectiva, no hay posibilidad de formación.

En 2000 cuando cambian las autoridades en el Gobierno de la Ciudad y consecuentemente en la C.M.V.(Comisión Municipal de la Vivienda), aparece una nueva alternativa y fondos para apoyar los esfuerzos que hace la gente. Entonces se pasa de un esfuerzo individual a una cuestión colectiva, el proyecto de regularización empieza a tomar otra dinámica y las posibilidades son otras. Pero sin la participación del Estado esto es imposible. Individualmente cada uno hace ese esfuerzo con mucho sacrificio, le puede llevar 10 ó 15 años hacer una cosa elemental. En cambio con la política que lleva a cabo hoy la Comisión Municipal de la Vivienda, la gente realmente va a llegar a tener una vivienda elemental en el término de un año y eso cambia sustantivamente la cosa y, paralelamente, el proceso de regularización tiene otra dinámica.

Estamos trabajando en la villa nuevamente. Dejamos de trabajar en el '96 y ahora regresamos de la mano de un Convenio con la Comisión Municipal de la Vivienda para, precisamente, ayudar a este proceso de regularización que se estaba llevando a cabo. Los actores somos fundamentalmente la Comisión Municipal, la Mutual "Flor del Ceibo" (que es la dueña de las tierras) y nosotros UDEXIS, que damos asistencia técnica, complementando la asistencia que da la C.M.V.. De alguna manera somos una especie de brazo más de la Comisión en ese sentido. Pero como verán, un cambio de gestión puede dar vuelta totalmente las cosas.

La visión de que el Estado es una cosa permanente, es falsa, aunque lógicamente, en el nivel más estructural, es verdadera. Va defendiendo siempre los intereses de una clase, eso no cabe duda, pero hay infinitas posibilidades en el campo de lo concreto, en el campo de este tipo de actividad.

En esta nueva etapa UDEVIS está trabajando en una zona de la villa que está pegada al Riachuelo, es una zona muy precaria, con viviendas de madera o mejor dicho de desechos de madera. Ya se incendiaron 36 viviendas y la Comisión Municipal rápidamente hizo unas viviendas provisorias para darles albergue. Estas casas provisorias están pensadas en el fondo del lote de tal forma que la construcción de la vivienda definitiva empezaría adelante. La gente prepara las plateas para empezar la construcción adelante.

Aquí también el proceso fue notable, porque cuando fuimos la primera vez, hubo muy poca gente decidida a comenzar a trabajar. Posteriormente, a medida que se comenzaba a trabajar, todos los demás se fueron incorporando y hoy está trabajando prácticamente la mayoría, integrando equipos de trabajo.

Para realizar la platea continua de toda la tira de viviendas algunos tuvieron que demoler construcciones que ya habían hecho ¿pero por qué aceptan hacerlo?. Porque detrás de esto aparece una oportunidad única. La Comisión Municipal de la Vivienda les da los materiales para hacer la casa y esto cambia sustantivamente la situación, entonces todo lo ven como una oportunidad y eso es lo decisivo, eso es lo que da energía para realizarlo. Fíjense, de la gente que esta trabajando acá hay gran parte que esta desempleada, no tiene recursos pero tiene la energía para trabajar. Precisamente la situación de desempleo hace que puedan trabajar en estas cosas, entonces el hecho de que le subsidien los materiales les crea una oportunidad de vida fantástica.

En esto es en lo que está trabajando UDEVIS con la Comisión Municipal de la Vivienda hoy.

A nosotros nos resulta muy difícil pensar en una casa que se va haciendo por pedacitos, es muy difícil pensarla, es muy difícil tener una buena solución técnica. Fíjense en lo que uno ve en los barrios que están construyéndose, siempre son paredes peladas, con los ladrillos a la vista, es decir que no hay ninguna barrera contra la humedad. Estas casas, aunque estén bien construidas, mientras tengan la pared así, tienen dentro un alto nivel de humedad que hace que los chicos, por ejemplo, tengan permanentemente afecciones pulmonares. Pero hacer entender esto es una dificultad muy grande aunque sea algo básico. Uno tiene que hacer ver que la salud esta muy ligada con estas cosas, que quizás el ahorro de no revestir las paredes afuera por que se tiene poco dinero y terminar solo adentro tiene efectos muy nocivos y muy perjudiciales para el desarrollo, sobre todo de los chicos que tienen organismos que se están formando. Y que los ácaros que primero aparecen en la pared, también se desarrollan en el aparato respiratorio y en algunos, termina siendo asma. Si uno ve el panorama en las villas o lugares muy precarios, la cantidad de enfermedades respiratorias en los chicos es enorme y esto por falta de conocimiento, porque no existe la idea de que esa pared no sólo los protege del viento y el sol, parece que la pared es "la" protección, y en algunos casos es como el veneno.

Todas estas cosas uno las va viendo en el trabajo del campo. Por ejemplo otra cosa es poner énfasis en la duración y fortaleza de la vivienda. Aunque hagan paredes de 30, autoportantes, hacen columnas de hormigón. Y cuando el primero empezó a construir así poder disuadir a los otros de que no es necesario hacer columnas de hormigón es realmente casi imposible. En consecuencia incurren en gastos muy grandes e innecesarios. Todo esto requiere un proceso de transformación, de eliminación de prejuicios, que lleva mucho trabajo. Pero son recursos que vale la pena emprender, porque son recursos que ahorran mucho dinero a la comunidad y digamos que orientan caminos.

El tema de lo formal, lo que se habló anteriormente del gusto. Lo que hacíamos era mostrarles relaciones organizacionales del espacio que les podían ser más útiles para la vida de familia. Pero después, si les gustaba poner enanitos de jardín o cualquier otra cosa, bueno, en definitiva la casa es de ellos, es un sueño de ellos, en el que tienen que poner sus propios símbolos y no los nuestros y esa es la realidad sobre todo cuando uno trabaja con sectores que pertenecen a sub-mundos culturales muy distintos. Porque cuando mas o menos somos los mismos es más fácil entablar una conversación, charlar con el otro y llegar a un acuerdo, pero cuando los universos son tan distintos, es muy difícil que él me convenza a mí ni que yo lo convenza a él.

Mi experiencia trabajando en los Consultorios de Suecia

Arquitecto Hugo Gilmet

Voy a presentar una experiencia europea, de alguna manera histórica, ya que voy a hablar de una experiencia realizada 25 años atrás.

En algunos aspectos la información no es actualizada, aunque mantengo mis contactos con Suecia. Mi experiencia personal es una experiencia de base, de arquitectos de la comunidad. Vamos a hablar de un país lejano, de un país nórdico, con una densidad muy baja de población -19 habitantes por kilómetro cuadrado-, un país muy extenso. Para darles alguna dimensión del territorio señalaremos que la longitud máxima de este territorio de Sur a Norte es de 1575 kilómetros.

En pleno invierno del año 1973 llegamos a Suecia, para una imprevista y larga estancia de estudio y trabajo dedicada a la arquitectura. Seguramente, entre latinoamericanos, esa fecha tiene significado y en consecuencia no necesito explicar las razones. La primera imagen de la que tengo recuerdo fue la de un territorio muy ordenado y de sutil cromatismo que contrastaba con las turbulencias latinoamericanas de los años '70. En la región sur del país el paisaje mostraba la acción humana palmo a palmo, tal como si el territorio hubiera sido dibujado escala 1:1 sobre la tierra, esa fue mi primera imagen, cada cosa tenía su lugar, su función, su razón de ser.

En ese mes de Diciembre, esa proverbial pulcritud sueca era acompañada por las primeras nevadas, sin embargo, poco a poco descubrimos bajo ese imperturbable y bello paisaje una sociedad sacudida en la nueva conciencia de su vulnerabilidad, cuya zozobra era consecuencia de la llamada "crisis del petróleo" del año 1973 ocasionada por el aumento de los precios por parte de los países productores de este combustible.

Suecia tenía su sistema energético basado en el petróleo, por lo tanto el pueblo sueco, luego de un periodo de auge económico a partir de la segunda guerra mundial, sufrió un fuerte sacudón que provoca una toma de conciencia sobre la fragilidad del modelo energético de base. El país era vulnerable.

La concepción de la ciudad y sus arquitecturas se había basado en un alto nivel de confort, que dependía del suministro ilimitado y a muy bajo precio del crudo. A partir de ese momento quedaron en evidencia las debilidades de ese modelo de bienestar.

Yo recuerdo el pánico que generaba en muchos suecos el que desaparecieran las bolsas de nylon en los supermercados puesto que el gobierno había tomado serias medidas de ahorro del petróleo y sus derivados.

También en Europa en los '70, como consecuencia de la crisis del petróleo entre otras causas, se produjo un descenso de la actividad de la construcción. Es este un nuevo periodo en el cual se incentiva el interés de los arquitectos por la labor teórica y por otras formas de experimentación en la arquitectura. Esta explicación puede ser demasiado lineal, pero muchos historiadores y estudiosos concuerdan en que las circunstancias de la crisis del petróleo y el descenso brusco en la producción llevó a que las tareas profesionales también disminuyeran y que esto fuera de la mano de un cuestionamiento de los resultados del período de auge de la industria de la construcción en los '60.

Estas condiciones objetivas, relacionadas con la falta de trabajo para los arquitectos, los lleva a dedicarse a otras actividades y también genera un cuestionamiento de los fundamentos más profundos de la arquitectura moderna que llevan al surgimiento de una serie de movimientos a lo largo y a lo ancho de Europa, con cierta informalidad, con mucha creatividad, uno de los cuales esta relacionado con el tema de este encuentro y se refiere a la experiencia de la Sociedad Nacional de Arquitectos (SAR).

Los antecedentes de la SAR se remontan a los años '50 en que un grupo de jóvenes arquitectos conforma lo que se llamaría un Comité de Vivienda; en realidad la traducción literal seria: "comité de la construcción de pequeñas casas", cuyo cometido era estimular el interés por las viviendas individuales aisladas. Este comité encuentra apoyo justamente en los constructores de estas pequeñas casas. Esto, en el ámbito teórico, constituyó un avance de la critica a la arquitectura moderna que tomaría forma definitiva luego, en los '70, y que se expresaría en todo lo que fue el gran movimiento renovador italiano de Milán, en Venecia, tendencia italiana que tuvo su correlato en el hemisferio norte, en Estados Unidos, cuestionando principios de la arquitectura moderna.

Estos jóvenes arquitectos que en los años '50 crean este Comité de Vivienda de pequeñas casas aisladas, yo lo interpreto como una primera señal de esa corriente que se consolida en Europa en los '70 y que llega a América Latina en los '80. Si mal no recuerdo yo estaba en esos momentos residiendo en Europa, pero la visita de Aldo Rossi a Sudamérica se produce en los años '80.

En 1963 este Comité se había convertido en una organización y adquiere un mayor grado de desarrollo en Estocolmo. Dos años después se crean los grupos SAR, con el cometido de la construcción de pequeñas viviendas para que alcancen la mayor calidad con relación al medioambiente, la formalización y la función. No es casual que la primera conferencia de medioambiente se haya llevado a cabo en Estocolmo en el año '72, reflejando la preocupación de estos jóvenes arquitectos que ya en el año 65 manifestaron su preocupación por los problemas medioambientales.

Me pareció de interés recordar la evolución de los grupos suecos puesto que creo que se pueden interpretar como de vanguardia, de vanguardia no sólo en el sentido de un nuevo papel para el arquitecto, sino también en la toma de conciencia de varios aspectos que hoy pertenecen al cuerpo ideológico de los arquitectos en el sentido más amplio y en el ámbito internacional.

Entre 1967 y 68 se fundan los grupos locales de lo que comenzó en Estocolmo. La Sociedad de Srquitectos Suecos es una organización nacional y descentralizada igual a los modelos vigentes en América Latina.

En el año 1973, y no creo que sea casualidad, en Suecia se conforma la comisión nacional que integra a los grupos locales de la sociedad de arquitectos.

La crisis del petróleo, sacude a la sociedad europea. Los países nórdicos son los más afectados en virtud de que todo su sistema de calefacción se realizaba en base al petróleo. El invierno nórdico es crudo, la falta de calefacción puede significar la muerte ya que las temperaturas llegan a 25° en Estocolmo y a 40° bajo cero en el Norte, por tanto ponía en crisis a toda una sociedad construida en base al petróleo. Insisto en el tema de la crisis, en el sentido de que justamente las crisis son las que obligan a replantearse los problemas, fíjense que esta preocupación latinoamericana por la práctica profesional surge también aquí en medio de una crisis, e insisto, creo que no es casual. Cuando escuchábamos a Martha hablar de Cuba, también ella habla de una transformación en una crisis, dice hecatombe, la hecatombe de 1989, que lleva al punto más bajo de PBI en 1993, y es en ese año que surgen los Arquitectos de la Comunidad. Por lo tanto este paralelo que estoy improvisando, parece que no puede ser casual, probarlo requeriría de un estudio histórico más serio.

Retomando el tema, en 1973 con la crisis del petróleo, se funda la comisión nacional de estos pequeños grupos locales y ya en 1974 se desarrolla la actividad en 11 localidades del país. En principio estos grupos de base tienen el común denominador de estar conformados por socios de SAR. La información que yo tengo es de un informe del año '74. En ese momento participaban 120 arquitectos, desde los más experimentados hasta los recién recibidos, del sector público y del sector privado. En algunas localidades no solo actúan los arquitectos sino también los arquitectos de interiores o paisajistas que también están agrupados. Estos grupos locales se dedican fundamentalmente a dos actividades, la primera es asesoramiento y la segunda la divulgación de actividades. En principio tienen que tener muy en cuenta la fecha, está muy cerca de 1968 y de la revuelta estudiantil que también sacudió Suecia, la utopía que comulgamos en América Latina. Hablábamos de Cuba, y también podemos hablar de las Universidades Norteamericanas, y de las Europeas, y de los estudiantes europeos, que son los que al egresar se integran en estos grupos, por lo tanto surgen de las bases.

Yo llegué como estudiante y cursé en Suecia por lo tanto tengo titulo sueco. Uno de los primeros choques culturales (voy a remitirme a la anécdota porque creo que es importante para comprender el marco de todo esto) significó el enfrentamiento con lo que hoy esta incorporado al corpus ideológico del hombre contemporáneo, o por lo menos del intelectual contemporáneo occidental. Como estudiante voy por un corredor con unas compañeras y me adelanto para abrirles la puerta; pues bien, esto genera un conflicto, es decir, el tema del género también estaba presente y por lo tanto en la siguiente puerta son las compañeras quienes me abren la puerta para que pase yo. Claramente me demuestran que yo era un machista latinoamericano. Enfrentarse al docente, eliminar el podio en el cual se ubicaba al docente, era la revolución del '68, dirigirse al docente en acto ex profeso de agresividad, que en ultima instancia era una demostración de equidad, poner el pie sobre el pupitre cuando se dirigían al docente. Se podrán imaginar, que por mas que yo era un exiliado, me escandalizaba. Era un sacudimiento de una sociedad diferente a la latinoamericana, y que en algunos aspectos, visto hoy en la reflexión, yo diría que fue mucho más profundo, que fue una revolución social que caló hondo y transformó esa sociedad en los aspectos que señalaba, de la jerarquía, de la equidad, de las relaciones de género, de la informalidad, etc. Yo sigo siendo latinoamericano y hoy me presento con mi traje y camisa blanca.

Pues bien, el asesoramiento, en ese contexto, no podía ser de otra forma que gratuito, para el público en general, y con tiempo medido, hasta media hora. Se ponía el reloj y cuando este sonaba terminaba la consulta. Nos habíamos apropiado de los locales, las bibliotecas, los museos, también los bancos, los shoppings centres, los sitios donde se vendían materiales de construcción, y en estos locales se había instalado un pequeño espacio de consulta que consistía simplemente en un escritorio y cuatro elementos fundamentales: El primero, la norma sueca. En Suecia el título no es habilitante, o sea el hecho de haber cursado estudios de arquitectura no significa que uno esté habilitado para actuar como arquitecto, por tanto la normativa tiene un significado muy importante, puesto que si el título no es habilitante, dónde está la responsabilidad. La responsabilidad esta en el Código. Muchas veces he tenido que explicar esto a los estudiantes y les digo que es el mismo tema de la responsabilidad que puede tener la paternidad; yo tengo una pequeña hija, yo ejerzo la paternidad, sin embargo yo no me recibí de padre. Entonces, cómo es que la sociedad me controla?, me regula a través de un código, el Código Civil en general y en particular los capítulos referidos a la familia y a la paternidad, y como soy casado y tengo libreta, en ella juré una serie de responsabilidades, etc., etc. En Suecia, el ejercicio de la condición de arquitecto está basado en un Código, las Normas Suecas. Allí esta todo lo que una buena construcción debe cumplir. Es un libro cada vez más voluminoso y rige en todo el territorio, así que del mismo modo que el juez tiene el Código Civil sobre su mesa, el arquitecto tiene el Código de Construcción en la suya. El segundo elemento era un clásico sueco, que trata sobre la construcción tradicional sueca, sobre sus patologías, sobre aspectos histórico-culturales, sobre la preservación, puesto que recuerden que la primera preocupación de estos grupos locales era justamente el tema de las pequeñas viviendas, la reivindicación de un modo de vida, la reacción frente al monoblock, frente a la Unidad de Habitación de Marsella, frente a los SIAM, en ese libro estaban todas las respuestas. En los aspectos prácticos, sobre la mesa estaba también el escalímetro y un papel borrador muy barato que viene en rollos que permiten documentar la evolución del proyecto.

Las Instituciones con las cuales se había acordado tener el consultorio, en general se ofrecían para la tarea de la reserva del horario de consulta, el horario de consulta tenia un día fijo y se acordaba a través de la telefonista de la Institución. Yo trabajaba los jueves en una localidad a 200 km al sur de Estocolmo y acordamos con los arquitectos rotarnos como titulares o suplentes según las semanas, para tener asegurada la cobertura de la consulta; pero en la práctica, en realidad, se prefería actuar en dupla y estábamos los dos arquitectos en las consultas.

Las preguntas cubrían un espectro muy amplio, desde la estética, la práctica, la economía, las normas, la función. Recuerdo por ejemplo, que quien iba a pintar su casa, consultaba por el color de la casa, y así el que iba a construir un balcón o a construir otra habitación o a extender la cocina o a agregar habitaciones independientes de la casa principal. Pero las preguntas no eran siempre referidas a las viviendas en sí sino también relacionadas con los planes de planificación, con la relación entre el ciudadano y el Instituto de la Planificación, es decir el plan de su barrio, el plan de la ciudad o un plan regional.

El material más detallado con el que yo cuento es del año 1974 y se habían realizado hasta el momento 8.000 consultas. En términos relativos cuando comparamos con la actividad cubana o uruguaya, era una actividad bastante reducida.

En estos grupos también teníamos reuniones trimestrales en donde se elaboraban esquemas de trabajo y el trámite era de muy simple burocracia Se organizaban exposiciones de arquitectura relativas al tema de la vivienda y la gran pregunta era ¿quién me puede ayudar a proyectar este problema arquitectónico?.

Las condiciones o las reglas eran un estatuto extremadamente sencillo y la consulta se desarrollaba de esta manera: ustedes recuerdan que yo comenté que se trabajaba con un reloj que marcaba la media hora gratuita, si se excedía ese tiempo, corría el taxímetro; en mi experiencia personal, la mayor parte de los problemas que se planteaban, se resolvían en la media hora gratuita, porque eran problemas de orientación, o de consultar la norma o que tiene que dirigirse a tal o cual oficiar o completar algún formulario, etc. El problema era si se necesitaba más de esa media hora, porque había otras consultas, porque esto estaba agendado con un régimen de media hora. Cuando nosotros llegábamos, la secretaria de la biblioteca nos entregaba la lista y empezábamos a las 7:30 y a veces terminábamos a la medianoche, totalmente honorario.

La primera regla entonces era que si pasaba a ser un encargo, debía ser de su área de competencia, o sea no era bien visto que alguien por ganarse un trabajo, aceptara un encargo que no correspondía a su área, socialmente estaban establecidos los roles. Tampoco podía un arquitecto tener más de dos encargos simultáneos provenientes de los grupos, no se podía transformar en un negocio particular y finalmente, las reglas de honorarios se adecuan a lo establecido por la Sociedad de Arquitectos. Allí no teníamos el problema que existe en América Latina que los honorarios tradicionalmente tienen una relación con el monto de la inversión de tipo porcentual. En Suecia eso nunca fue así, allí se relaciona el trabajo real con los honorarios, si trabajo una hora cobro una hora, y es más complejo porque se regula con una tabla que establece los distintos precios de los distintos servicios profesionales, que depende de múltiples variables relacionadas con la experiencia y la formación del profesional y con la complejidad de la obra. En ese principio estaba basado el arancel de honorarios sueco y por lo tanto a nosotros no nos resultaba de tanta complejidad, ya que si el trabajo derivaba en ulteriores encargos siempre el arancel tenia relación directa con el trabajo.

Como ya he dicho, la mayoría de las consultas se resolvía en la media hora gratuita y de los que no se podía resolver en ese tiempo, solo el 50% llegaba a adquirir el carácter de un encargo profesional de arquitectura; y sólo en casos verdaderamente excepcionales se llegaba a la redacción de recaudos para un permiso de construcción. O sea, en general, cuando se pasaba a esa segunda etapa era suficiente con una pequeña memoria o más consultas, puesto que en Suecia, tiene mucha relevancia la autoconstrucción, por lo tanto, en general, era el mismo propietario quien muchas veces tenía el oficio, o bien de carpintero o cualquier oficio afín a la construcción, y era él quien realizaba la consulta de carácter técnico en algo en lo que se sentía inseguro o requería algún tipo de asesoramiento específico de un arquitecto.

Toda esta actividad entonces, no derivaba en trabajo profesional, era honoraria y el problema económico no estuvo muy bien resuelto. Estas comisiones tenían dificultades para afrontar sus gastos, fundamentalmente los pequeños gastos que se generaban, los solventaba la Organización Sueca de Arquitectos que sobrevivía con la cuota social.

Los grupos se organizan de manera autónoma y eligen sus representantes, algo importante y, si bien no hay mayor burocracia y los principios son principios éticos, cuando se realizan asambleas se levantan actas que en el imaginario sueco tienen un significado mayor al que tienen en el mundo de la cultura latina.

Pasan los años y esta actividad crece y se multiplican los grupos, por lo tanto no basta con los principios éticos o las actas de lo que se dijo o dejó de decirse sino que se hace necesaria la redacción de instrucciones, que aparecen por primera vez en el año 69 y luego tienen una revisión en el año 75. Sin embargo, y esto es coincidente con la experiencia latinoamericana, cada arquitecto es responsable de sus actuaciones, sea en asesoramiento, en los planos, en lo que fuere, y en aquella época se estaba trabajando para lograr un seguro colectivo por la actividad. Hoy me consta, lo he averiguado por Internet, que ya tienen un seguro colectivo, algo habitual en el ejercicio de la profesión en Suecia, o sea que yo diría que la gran mayoría de los arquitectos suecos está acogido a un seguro por su actividad Quiere decir que si comete un error el seguro cubre las consecuencias de ese error, obviamente en el marco de una serie de reglas y formando parte de un convenio entre la sociedad de arquitectos y la compañía de seguros.

Otro de los principios éticos tiene que ver con la propaganda. Éticos entre comillas, porque tiene que ver con valores culturales y la cultura sueca difiere totalmente de la nuestra y de la del mundo globalizado de hoy. En el imaginario del arquitecto sueco no se concebía que el arquitecto realizara propaganda, era uno de los principios éticos, era y supongo que para muchos lo sigue siendo. Porque Suecia también cambió, recuerden que yo estoy hablando de la Suecia de la social democracia, todo esto tiene que ver con contextos económicos, políticos, sociales. En aquella Suecia había como un código de honor y que un arquitecto pusiera un letrero de propaganda o que sacara en un diario propaganda era totalmente inconcebible. Sé que esto es difícil de explicar, pero digamos que el fondo está en un principio ético del significado y el valor de la obra en si, y no en la propaganda o lo que se pueda estar diciendo por ahí.

De la misma manera, en Suecia el arquitecto es responsable sólo de los recaudos gráficos y está muy mal visto que el arquitecto visite la obra. Porque esto significa que desde el momento que el arquitecto entrega los recaudos gráficos se hace absolutamente responsable de los mismos. Es otra concepción muy diferente a nuestra tradición, que es más latina, y que insisto tiene mucho que ver con esto de los grupos de trabajo. Y esto también explica de alguna forma, por qué nosotros nos maravillamos cuando vemos los dibujos de reconocidos arquitectos suecos que definen con detalle hasta el herraje más insignificante. Esto no sólo responde a razones estéticas sino que responde a una necesidad práctica de relación del arquitecto con el constructor. En el momento en que el arquitecto entrega los recaudos gráficos él se hace responsable totalmente, también del precio. Puesto que si esos recaudos están definidos en ese grado de detalle, es posible realizar un presupuesto a partir de esos recaudos y él es responsable de ese presupuesto. Entonces esto constituía, y hablo en pasado porque la Suecia de hoy ha cambiado mucho, otro de los principios éticos del ejercicio profesional en Suecia en aquellos años.

Por eso también era muy importante contar con un seguro que pudiera respaldar los errores. Esto quiere decir que esta actividad, ya por los 70, evidentemente tenía un énfasis en la dimensión social, y sólo acudían a los grupos aquellos que no podían resolver el problema por sí mismos o no tenían posibilidades de recurrir a la ayuda profesional en forma privada.

Se puede decir que en ese momento, en la organización del trabajo en Suecia, llenaban un espacio entre el cuñado que realizo un curso de dibujante técnico y que se le puede pedir un dibujito y las empresas de consultores establecidas. Además la ley no exige una firma técnica, en realidad el cuñado puede firmar también.

Para los integrantes de los grupos significó y significa la posibilidad de escuchar y penetrar en una variedad de problemas, una experiencia que el sistema convencional del ejercicio de la profesión nunca puede dar.

Hay un idealismo en todo esto. En aquellos momentos nosotros decíamos que era una forma de devolver a la sociedad el costo de una larga educación; hoy esto seguramente suena a viejo. Sin embargo, sin propaganda y con el régimen de boca en boca, la sociedad de arquitectos suecos generó, a través de esta actividad, gran prestigio en la opinión publica. Porque después de tantos años se ha constatado que el ciudadano sueco entiende que un arquitecto tiene tiempo para escuchar y que puede dar buenas soluciones, pero sin embargo distingue, y acá se diferencia de otras experiencias en otros países, entre un enfoque honorario y un enfoque comercial; son dos enfoques distintos. No es que la sociedad de arquitectos niegue la actividad comercial, pero brinda una actividad honoraria que es la de la famosa media hora. Los objetivos, hoy que ya se han desarrollado, son reivindicar el derecho de la gente a un hábitat mejor. Parece grandilocuente pero creo que se ha cumplido con la tarea de reivindicar la arquitectura y la planificación y de reivindicar la práctica de un calificado trabajo arquitectónico. Esto no se basa exclusivamente en el trabajo de asesoramiento, yo creo que tiene que ir acompañado de un trabajo de divulgación, que en el caso de la experiencia sueca se daba a través de exposiciones itinerantes. Estos grupos acogían las exposiciones de arquitectura itinerantes y quienes tenían el horario establecido se acercaban al consultorio y podían ver la exposición y así entrar en otro diálogo con la arquitectura, lo cual no es poco.

En los años 50 los grupos se llamaban Grupos de Arquitectos Suecos de las Pequeñas Casas. Después se dieron cuenta que esto tenia una carga ideológica y a fines de los 70 se cuestionaba porqué de las pequeñas casas. Era demasiado romántico. Hoy son los Grupos de Consulta de la Sociedad de Arquitectos Suecos y brindan asesoramiento sobre obras de arquitectura en general, asesoramiento arquitectónico.

La Sociedad de Arquitectos Suecos cuenta con 4.000 asociados, y como también las oficinas pueden estar asociadas, hay 484 oficinas asociadas, y el régimen sigue siendo el mismo. Hoy en cualquier localidad sueca del país se ofrece una media hora de calificada consulta arquitectónica un día a la semana, por parte de arquitectos, arquitectos de interiores o arquitectos paisajistas. Este grupo a su vez tiene un grupo de referencia de técnicos especializados en el caso de necesidad de consultas muy especificas que no se pueden resolver en el grupo en la media hora establecida y, en forma gratuita, también se realiza la consulta especializada.

Muchas veces el problema de la consulta era sumamente especifico, como en un caso que voy a utilizar de ejemplo, que se refiere a la consulta sobre un perfil que se debe cubrir, todo esto teniendo en cuenta que son demandas de obras en un territorio con un clima muy diferente del latinoamericano, con un paisaje de pequeños pueblos, un mundo rural organizado, y algunas ciudades. Estocolmo por ejemplo, es una gran ciudad, pero en relación con las ciudades latinoamericanas es una ciudad pequeñita. Entonces, cuando se habla de cobertura, se habla de un vasto territorio rural donde, en el plano topográfico, se indican pequeños establecimientos, que eran quienes llegaban a este centro a la consulta semanal.

Simplemente una reflexión final. Es demasiado frecuente encontrar, tanto en declaraciones expresas como entre líneas en la literatura teórica, la perspectiva que consigue la arquitectura como obra y gracia de la figura determinada del arquitecto. Puede uno preguntarse si aun la más humilde de las empresas de transformación del hábitat no implica necesariamente -aunque no lo suficientemente- una concepción arquitectónica. La organización que promueve la división social del trabajo que es la que va a dar origen al arquitecto, no concentra la figura humana de concebir la figura del arquitecto, desposeyéndole al resto de los actores sociales el acto de concebir y por lo tanto de construir. O sea que el arquitecto en tanto figura socio profesional está condicionado por la arquitectura como identidad social de producción. Por lo tanto a mi criterio es necesario distinguir entre la función del arquitecto como figura social y la función del arquitecto como figura profesional en la división social del trabajo.

La experiencia sueca, que en los años 70 me tocó vivir durante trece años de exilio, cuando la Sociedad de Arquitectos dividía entre la media hora gratuita y luego el trabajo profesional, creo que en realidad tenía claro que estaba inserta en una sociedad capitalista de mercado y por lo tanto dividía la función del arquitecto como figura profesional que se ganaba la vida por un lado, y luego, en un concepto más amplio, de arquitecto como figura social, donde tímidamente brindaba media hora gratuita.

La arquitectura como práctica social generalizada y omnicomprensiva inherente al trabajo humano era nuestra concepción. En esa experiencia de años, que era intensa (de 8 a 17 y luego de la cena íbamos a la biblioteca hasta la medianoche), y en esa confrontación con el ciudadano donde la aspiración que teníamos era poder resolver el problema en la media hora gratuita, verdaderamente llegué a tener un acercamiento a esa concepción de la arquitectura como práctica social.

La crisis de la arquitectura moderna promueve una revaloración de esta otra arquitectura, como se ha dado en llamar este evento. Ya en los años cincuenta los grupos pioneros de jóvenes suecos hablaban de otra arquitectura.

Yo diría que si podemos entender a la arquitectura como una práctica social generalizada en el conjunto de la vida de una comunidad, si comprendemos la magnitud de la figura social del arquitecto, esto quizás, sea la más cabal defensa que pueda realizarse de la profesión.

Estoy contento, rodeado por un grupo de arquitectos que de manera sincera y con sentimiento, no sólo con conocimiento, quieren acercarse a nuestros clientes más importantes, nuestros clientes potenciales, el pueblo. Esta es una profesión que siempre estuvo destinada a servir a príncipes, esa es la verdad. Los príncipes ahora han sido sustituidos por shoppings, torres de vidrio con que nos deslumbran en los congresos y cosas así. Los colegas y estudiantes que hoy me rodean aquí me han emocionado en algún momento. Gazzoli nos ha explicado, con dulzura podría decir, las fuertes desilusiones que ha sentido con los cambios de gobiernos sucesivos Las cosas que mostró son proyectos para la gente, proyectos de la gente. Realmente me siento muy identificado también con Gilmet, este extraño uruguayo flaco y alto pensando en sus colegas allá por 1977, pobrecito, me lo imagino solo, ¿estabas solo creo, o tenías mujer?, ¿solo?, (responde que sí), solito y corrido por los militares fue a parar del Uruguay al Polo Norte con 40 grados bajo cero; hace pasar primero a las mujeres por una puerta en la universidad y lo acusan de machista!. Y bueno, todas estas cosas que estamos presenciando aquí. Martha Garcilazo con sus cubanos que no tienen recursos, en pleno bloqueo, y sin embargo tienen todo; iniciaron el plan para ayudar a la gente con sus casas, en plena crisis. En lugar de apagones los llamaban alumbrones, porque era mayor el tiempo sin luz que el tiempo con luz. Evidentemente los que estamos aquí coincidimos en nuestra filosofía profesional

Yo no voy a explicar el método paso a paso. Quien desee profundizarlo podrá leer muy pronto la reedición ampliada del libro "El Método" que se llamará "Arquitectos de la Comunidad" A mí me gustaría que lo lean porque creo que todos se van a sentir identificados. Ahí pueden profundizar todo, a la tarde podemos discutir lo que hablemos ahora. Voy a empezar por cualquier parte, porque no tengo un discurso preparado, como se imaginarán.

La relación con nuestros clientes empieza con la pre-entrevista, un capítulo que agregué ahora al libro. Puede ser por teléfono en ciudades grandes o un encuentro casual, en ciudades chicas.

Pregunta: ¿Como se empieza la pre -entrevista?

Arq. Livingston:Bueno, en esto disiento con Hugo, estoy en contra de los sistemas suecos donde el teléfono lo atiende una telefonista. Yo creo que es muy importante que lo atienda el arquitecto, porque ahí se produce un primer filtro, por ejemplo, entre los servicios que nosotros prestamos y lo que la gente precisa. Además de los trámites legales y las reformas, está la mudanza. Es un episodio que se repite varias veces en la vida de la familia. Tengo dos casas en vista, ¿cuál me conviene?, a ésta le falta solo un cuarto, ¿la puedo reformar?, ¿quién me asesora?, ¿el inmobiliario que me quiere cobrar la comisión?, ¿una amiga con buen gusto?, ¿un arquitecto?, si, pero si no le cobra nada.
"Desde ya la obra sería para vos", le dice el cliente al arquitecto. Se crea entonces un malsano "efecto zanahoria", "otra vez te voy a molestar, dice el cliente.
Cuando la gente se muda coloca todo el dinero que tiene más el que no tiene, porque pide préstamos. ¿Y cómo puede ser que nadie lo asesore sin pretender una obra a cambio, que opine en forma desinteresada, para lo cual debe cobrar?, En el primer llamado por teléfono se presenta una batería de preguntas para saber si esto es una consulta de compra, o será un pacto para reforma, o una patología, etc. etc.

-¿Usted está viviendo en la casa?
- No, no estamos viviendo, justamente la estamos por comprar.
(Básico, hay que ir ahi).

-¿Usted se acaba de mudar?
- No, todavía no me mudé

Son varias las preguntas y re-preguntas. De un telefonito que dibujé en el libro salen cinco ramas, para decodificar correctamente el servicio que necesita el cliente. Se parece en cierto modo al llamado de urgencia de un hospital, no lo puede atender una secretaria.

- ¿Le duele el pecho?

- Si

- ¿Le duele hasta el brazo?

Tiene que saber si se necesita una ambulancia con unidad coronaria, un médico a domicilio o si el paciente va a la clínica. Es muy importante este punto.

Hecha la pre-entrevista, llega el cliente y saca un planito como los que mostró Gazzoli, que nosotros tenemos guardados. Tenemos más de 4 mil o 5 mil PC, (Proyecto del Cliente.) Después les contamos qué hacemos con eso porque es muy interesante y sumamente importante. Cada familia puede tener dos, tres, o cuatro PC. En todos lados es igual. El cliente llega y saca su plano mostrando lo que él quiere hacer. –"Mire arquitecto, ésta es mi casa y yo lo que le quiero explicar es..."

Lo primero que hago es, sonriendo, dar vuelta el plano y digo –bueno, vamos a hablar del plano–. Porque aquí hay dos cosas, hay una casa, pero también hay una familia que yo necesito conocer. Porque la misma casa puede ser la casa ideal para una familia que se está mudando ahí y la casa que odia otra familia, ¿y cómo es eso entonces si es la misma casa?. ¿Es buena o mala la casa?. Hay una familia que no la soporta más porque están hacinados o porque está lejos del colegio de los chicos o por lo que sea. Y otra familia para la cual es la casa que soñó. Entonces yo no puedo ponerme a mirar la casa. Antes tengo que preguntarle: –Señor, no sé su apellido todavía, siéntese por favor–. Porque a menudo llegan a nuestra oficina creyendo que el arquitecto es una mezcla de burócrata con decorador, tirando a ingeniero que no se recibió, porque no saben bien que es un arquitecto. No saben qué es, Gazzoli lo dijo, lo dijeron todos, no se sabe qué es un arquitecto.

Preguntamos por los habitantes. –Ah, es mi mujer y yo y los cuatro chicos–

- ¿Cómo se llaman y que edad tienen?

¿O acaso es lo mismo una Andrea de tres meses que una Andrea de 27 años que está por casarse y que cuando hablamos de su cuarto quiere estar lejos de los padres? A la primera entrevista debería acudir toda la familia, por lo menos el matrimonio, y eso lo he aprendido a golpes, dicen que estuve todo el siglo pasado ocupándome de eso. Por ejemplo, Pedrito, al final le hice una cama sobre un placard porque era un cuarto muy chico y cuando lo conocí a Pedrito medía 2,05 metros. Es por eso que la mitad de nuestra atención, de nuestra entrevista, debe orientarse hacia la familia, nada de psicología, nada de sociología, lleva media página: nombre de los habitantes y edades, Andrea 27, fulano 14, entonces ahí ya estoy viendo dos sexos distintos, Mariana de 8 y Carlitos de 3. Mariana aguanta un año más el mismo cuarto porque ya empieza a sentir pudor frente a su hermanito y quiere desvestirse aparte. Entonces esto es lo que me está hablando de la casa, no son las paredes, la casa no es un hecho constructivo, la arquitectura es el vínculo invisible entre la gente y los lugares. Si le preguntamos a la familia por hijos de algún matrimonio anterior, los llamo "flotantes", (ojo suelen quedarse a dormir los fines de semana) nadie se ha ofendido.

- Ah, sí, tengo una hija de un matrimonio anterior que viene, se queda los sábados, está medio peleada con la madre, me gustaría que tenga un lugar.

- Bueno, justamente, el abuelo de mi mujer está un poco mal, pensamos traerlo a vivir a casa, ¿Se podría hacer un cuarto arriba del garaje? Qué bueno que me lo preguntó!.

Esto es la película de la familia, las familias no tienen un instante como en un fotograma, sino un proyecto, una película.
 -¿Ustedes piensan tener más hijos?, debemos preguntarle a un matrimonio joven.

Casi siempre se miran con ternura porque muchas veces no tienen respuestas a esas preguntas.

- Y si... puede ser

Si tuviéramos otro hijo lo mandamos al cuartito de arriba -dice el marido, y ella interviene:

- ¿Cómo arriba, cómo vamos a tener el bebé arriba?

Entonces no estaba pensada la casa como ellos creían. ¿Qué está ocurriendo con ese planito dibujado con birome que ellos traían? Tampoco la casa se compone de lavadero, baño y cocina, como lo habían dibujado, eso no es cierto, quieren un taller de electrónica, quieren un consultorio para ella que es psicóloga, tienen un hijo que estudia batería, todos los hijos de psicólogos estudian batería, eso lo hemos comprobado, no sabemos por qué. ¿Y las herramientas? Los arquitectos dibujan placares, así que aparentemente la gente tiene trajes. Solo trajes. Si yo estuviera en la facultad quisiera contar con un lugar para guardar escenografías, como en los Estudios de televisión. Le pediría a los estudiantes que dibujen todos las cosas que tiene la familia, las pongan ahí: el changuito de las compras, las raquetas de tenis, cartas que no quieren tirar, cosas rotas, carpa, cañas de pesca. ¿Todo eso, dónde se guarda?.

.

- ¿Usted dónde vive actualmente,?, ¿en qué tipo de casa?
- En un departamento
- ¿Y porqué se muda?
- Ah, porque toda mi vida soñé con un pedacito de tierra, o porque mi suegra vive a dos cuadras

- ¿Qué es lo que más le gusta de la casa nueva y qué es lo que menos?

Ahora pongo este plano No se debe dibujar el marco de una lámina, porque una vez que se traza esta línea desaparece de la mente todo lo que está alrededor. No lo ven más. Me pregunto yo como puedo empezar a hablar de esta casa, frente a este plano, si solamente veo paredes, ningún cliente pone los muebles. El planito de Gazzoli fue una excepción, nadie pone la cama. Entonces ahora viene toda una pregunta:

- ¿Qué hay del otro lado de esta medianera?

Ningún cliente del mundo y muy pocos arquitectos ponen lo que hay al lado. Acá hay una casa pegada. Lo indico.

- ¿Porqué?

- Porque a lo mejor hay un terreno baldío y puedo abrir una ventana.

- ¿Y acá que hay?

- Un patio

- ¿Y la vereda tiene un árbol?

- Sí

- ¿Donde?

- Acá

Estos son algunos pasos de la rutina del cuestionario.

- Este es el fondo de un pasillo-(diapositiva).

Esto se llama departamento tipo casa, el fondo de un pasillo. Es uno de los clientes más frecuentes últimamente A veces son profesionales que tienen una cantidad de dólares que les permite comprar dos ambientes en el barrio norte y en lugar de eso compran cuatro con un patio al fondo de un pasillo.

- ¿Y la fachada?

- No hay fachada

- ¿Y la estética de la fachada?

- No hay estética de la fachada

Es todo adentro la casa. Entonces preguntamos donde duerme cada miembro de la familia, la ubicación de los otros muebles. Recién ahora empezamos a entender la casa con sus vínculos, sus circulaciones, la película.

Esto es un plano que hicimos nosotros. Esta es la cocina, el dormitorio y el living. El cliente quiere agregar un cuadrado para tener una cocina donde comer, porque ahí no cabe la mesa. En este caso, ya lo agregó, es un clásico: hacer crecer una casa en un patio y querer legalizarlo. El cliente creía que se trataba tan sólo de un trámite municipal, pero lo que le sucedió al final a este cliente, es que esto que quería legalizar lo tiramos abajo; no tiene que hacer ningún trámite!

¡Pero cómo!, tiramos abajo un cuarto de una familia que tiene los recursos justos, que lo único que quería era arreglar su cocina que estaba en muy mal estado?, ¡Cómo tirar esto abajo entonces?. La cocina quedó ahogada cuando crecieron hacia el patio. Ahí está la casa reformada. Podríamos llamarlo "arquitectura odontológica", mejorar por extracción, no por adición. Podríamos denominarlo también, "más es menos", como decía Mies Van der Rohe. Es una reforma por resignificación, porque donde dormía va a ser la cocina comedor, y cuesta lo mismo rehacerla aquí que donde estaba. Ahora duerme acá y, además, tiene un patio más grande, con bellas plantas. Está encantada de la vida.

¿Que es conceptualmente lo que me están planteando este tipo de casos que se nos repiten cada vez más?. Por eso, porque se repiten y hay mayor demanda es que nos permitimos cobrarle a los clientes y que nos paguen Estos estudios de factibilidad con varias opciones y perspectivas los cobrábamos $300. Ahora los cobramos $1000, es decir, cobramos cada vez más por la idea y al cliente le conviene. Lo comprende porque las soluciones que logramos mediante el Método, le permiten al cliente ahorrar dinero. Este punto es clave, por eso decidí empezar por este punto. La demanda manifiesta era un trámite legal. Discernir esta demanda de la demanda latente es un punto clave en todas las profesiones, incluso en los oficios. Cuando vamos a ver un médico no le damos el diagnóstico, si lo tuviéramos no precisaríamos un médico, le damos la forma como creemos que el problema se soluciona, "doctor, quiero que acabe con esta úlcera que me tiene loco". Lo mismo con el abogado, recién me contaba uno, (en el intervalo estuvimos conversando) que vino una señora y le dijo:

- Doctor, yo quiero que haga una demanda a esta firma que quebró y me debe dinero-. El abogado examina todo el expediente y parece que la empresa tenía 300 demandas.

- Señora, no le voy a hacer ninguna demanda. No voy a ganar plata, pero no la haré porque no le conviene.

Es decir que lo que el cliente pide no es lo que el cliente quiere. Hace poco fui a un kinesiólogo porque tenía un dolor en el empeine del pié, son de los menos graves supongo, porque allí no hay articulación. Yo soy un trotador crónico, les aclaro. Creí que me iba a mirar el pié, pero no; me dijo, -párese acá-, agarró un nivel, no de arquitectos, sino uno curvo, rarísimo, lo apoyó en mis hombros y me preguntó:

- ¿Usted tuvo un accidente?

- Sí, tuve un accidente, tengo una pierna algo más corta que la otra.

- Bueno, usted curva el pie al caminar y necesita una plantilla y por eso la inserción del tibial en el pie le duele.

No miró el pie, miró otra cosa. Eso se llama decodificación de la demanda. En Suecia, por lo que contó Hugo, no hacían la decodificación de la demanda, hacían lo que el cliente pedía. Y el cliente pide un trámite municipal, pide que le arreglen una humedad. En realidad, el 70% de los clientes precisan un estudio integral de su casa, del cual se deriva la primera etapa, que a lo mejor es una humedad. Eso es lo que el cliente necesita.

En casi cincuenta años de ejercicio profesional, (cuando cumpla cien vamos a hacer una fiesta) nunca tuve un cliente que me dijera: -*"arquitecto, yo quiero que me haga una casa acorde con los materiales de la zona, con las últimas tendencias de la arquitectura moderna, respetando mis inquietudes psicológicas y mi presupuesto. Yo solamente le transmitiré mis inquietudes y usted me hace el proyecto"*-. Ese cliente no existe.

En la facultad uno se va haciendo la idea de que cuando se reciba vendrá una persona con ese pedido, pero a mí eso no me pasó nunca. La gente trae un proyecto en papel cuadriculado en línea peluda. Entonces uno se estremece, y más de un colega cedió al impulso de decir: -"mirá, acá el arquitecto soy yo, vos decime tus necesidades"-. Hay una estrategia frente a los PC (proyecto del Cliente) que mostró Gazzoli; es más, si el cliente no me trae sus dibujitos yo se los pido. Aplico el yudo en lugar del box.

- Ahá, ¿y que habría acá atrás?

- ¿Y cuando nazca el nuevo hijo donde vivirá?

- Bueno, no sé. Lo mandamos a planta alta

- ¿Y la escalera?, dónde la pondría?

- No, la escalera se la dejo a usted-, casi todos hacen lo mismo y marcan en el plano una pequeña seña de 3 cm de ancho.

-Pero yo quiero empezar mañana, ya tengo las bolsas de cemento-

- Si, si, empezamos mañana, no hay ningún problema, el trámite es muy sencillo ¿y el otro cuarto donde iría?

Para sintetizar, el PC debemos tomarlo cuidadosamente, también el de la mujer, el del hijo, sin cuestionarlos. Preguntamos, preguntamos y preguntamos. En la segunda entrevista el PC cayó sin que nadie lo critique.

- Yo me quedé pensando en lo que usted nos preguntaba... dirá el cliente-

Hay estrategias. Roque Dalton, un poeta nicaragüense, dijo algo que se aplica a la arquitectura y también a la vida en general: "la mitad de la vida es coraje y la otra mitad táctica"

¿Cómo manejarnos en este mar de clientes y casas? A diferencia del pintor o del escritor, el comprador de su obra no vive allí adentro. El cliente dice, "vos serás arquitecto, pero la casa es mía y yo sé lo que quiero". Ese es el conflicto central y si lo sabemos manejar inteligentemente, ese conflicto se resuelve con una táctica muy sencilla (nada de sicología profunda) que consiste en dibujar prolijamente el PC en la segunda entrevista. Hasta lo elogiamos. Luego lo enfrentamos con otras opciones y con la lista que hemos tomado durante la escucha, con otra estrategia que no cabe aquí explicar. En este libro que estoy haciendo ahora, la tapa debería ser una oreja, pero lo que pasa es que la oreja sin la cara queda fea. Pocas partes del cuerpo son lindas aisladamente, pero una oreja es medio absurdo, siempre tiene que ir una persona pegada. La escucha es fundamental, pero no la escucha con una pipa diciendo ahá, ahá, como un sicoanalista clásico (si es que queda alguno todavía). Tiene que ser una escucha organizada.

Tapamos los planos, la casa no existe, (casa nueva o reforma).

- ¿Cómo sería una casa ideal para ustedes?
- Bueno, lo que pasa es que acá no cabe, -responde el cliente-, pero siempre soñé con una cocina comedor mirando hacia un jardín.
- Es un juego, no importa que no quepa –respondemos–

Así el cliente va definiendo la casa: con una cocina comedor, va a tener un hijo más adelante, un pequeño estudio. Ahora no tiene plata pero después etc., etc. Define eso, y después cuando presentamos las variantes, presentamos el PC del hijo, el PC del marido, de la madre y presentamos los deseos extraídos de ese modo y el cliente los confronta.
La historia, donde vive ahora, donde vivió antes, también es importante. Muchas veces explica la jerarquización de los deseos y de este modo entendemos mejor nuestro cliente.
Un cliente que vivía en una casa con escaleras me decía -"ah, una sola cosa le pido arquitecto, que no tenga ni un escalón"-. Claro, este hombre vivía en una casa chiquitita pero de tres pisos. Siempre se olvidaba la agenda en otro piso, subía y bajaba escalones todo el tiempo
- Ah, arquitecto, usted se va a reír, pero yo quisiera que tenga escalera- nos pide el cliente siguiente. Y en su historia también encontramos la explicación.
- ¿Pero cuál es el proyecto mejor?, ¿cuál es su idea?, termina preguntándonos el mismo cliente que temía que contradijéramos su proyecto, -"la casa es mía"-, decía.

Es decir, es una perturbación del cliente y la frase "lo ideal es trabajar sin clientes" la he escuchado más de una vez. Menos mal que no sos médico, porque entonces, ¿a quién curás?
Nosotros tenemos que navegar por un mar que no está compuesto por vigas, pisos y columnas solamente, sino por seres humanos. Fíjense que en todos los discursos que pronunciaron los colegas aquí, apareció la vida señores, porque no se puede hablar de las casitas sin hablar de la vida.

Para nosotros, los arquitectos, la mitad es la vida y la otra mitad es la arquitectura. El juez Cárdenas, que me acompañó a Cuba, es un juez de familia que se asombró de que yo no escuchaba a los chicos menores de 14 años.

- "Pero tenés que escucharlos, cómo no los escuchás" ?, me decía. ¿Cómo vas a decirle a un adolescente que a partir del jueves va a dormir allá arriba?, él tiene que participar en el proyecto.

Y es maravilloso ver cómo después los clientes defienden su proyecto, porque es de ellos.

¿Cómo presentás variables? -me preguntan a veces los colegas- En arquitectura hay una solución que es la mejor, no varias.

Yo les contesto que eso es cierto si la arquitectura fuera la arquitectura, pero no es así. La arquitectura es el vínculo invisible entre las familias y los espacios. No son los espacios ni tampoco las familias, y a nosotros nos ha tocado actuar en ese vínculo para lo cual no precisamos ser psicólogos, no hace falta ninguna cosa muy especial. Es una forma de navegar en este mundo compuesto por viviendas inscriptas en el tiempo y familias inscriptas en el tiempo, porque las viviendas van cambiando. Si sacáramos una fotografía de la ciudad por año y pasáramos la película, veríamos las casas como esas documentales de plantas que se desperezan, flores que se abren y se cierran, así es la ciudad. Y a nosotros nos toca actuar sobre ese proceso ahorrándole dinero a la gente

¿Y cómo cobrar?. Nosotros tenemos que bajar los honorarios, me decían mis colegas uruguayos. Yo digo que no, no tenemos que bajar nuestros honorarios. Porque si trabajamos bien podríamos decir que le pagamos al cliente, porque el proyecto que elige finalmente el cliente, además de ser mejor, es más económico que el que estaba por hacer. Es así porque nosotros sabemos proyectar mejor, si nosotros sabemos eso cobramos con la frente alta, porque estamos ayudando a vivir en el espacio y estamos ahorrándole dinero al cliente.

El Método tiene otros juegos, otras fases que no hay tiempo de explicar aquí. Tenemos un juego que se llama Ejercicio Fiscal donde le pedimos al cliente que sea el fiscal de su casa, que haga de cuenta que la casa está en un juicio acusada y que ellos son los fiscales.

Se presentan casos que son verdaderas metáforas de la vida porque gracias a los errores cometidos con anterioridad, la resignificación se hace posible y todo mejora sin agregar metros cuadrados. En el libro hay varios ejemplos de esto que llamo "crecer sin agregar".

El pensamiento es lo más económico que hay en una obra. Hay veces que una casa se agranda cuando tiramos un ambiente, es muy curioso eso.

Otro tema muy interesante es la trasgresión. Si uno aplica el "sufrinó-metro- felizómetro" para juzgar arquitectura en lugar de las pautas abstractas que propone la academia (fachadas que dialogan, ejes, balconeos y enfatizaciones varias), surge la trasgresión, pero no como un fin en sí misma, sino como resultado

Una pregunta más: ¿de qué quieren que hable? (alguien pregunta por la experiencia en Cuba)

Yo tengo dos épocas cubanas. En 1961 y 1962 construí (y lo hice de verdad, hormigonando, abriendo zanjas) un barrio de erradicación de villa de emergencia. Después pasaron 25 años de dictaduras militares con algún que otro paréntesis civil, hasta el '83.

Martha ya contó cuando yo llegué de nuevo en el '90, pero no a construir un barrio sino para predicar este método que me ha dado una inmensa felicidad. A mí me costó bastante llegar a esto. Yo creo que mi libro, Cirugía de Casas, también es algo que pueden leer con provecho. En "Arquitectos de la Comunidad" explico el Método paso a paso. Me imagino a mí mismo indicando a los más jóvenes, y a los no tanto, que cruzan un arroyo lleno de piedras: "cruza por allí, apóyate por acá".

Cuba es la mitad de mi vida realmente porque después de mi experiencia de Baracoa del año 1961 pensaba en volver a ver ese barrio, cosa que hice, pero nunca imaginé que los cubanos me necesitaran de nuevo. Pienso que no es casual que un sistema humanista como el que yo propongo fructifique en Cuba. Y bueno, sigo yendo, yo creo que ya no soy necesario, pero les gusta que vaya, a mí me gusta ir, me hacen reír, en fin. "Pero si ya tienen sus profesores ¿para qué quieren que venga?, ¿Soy un gurú acaso?", les digo. "Pues claro, tú eres nuestro gurú", me contestan y nos reímos todos. Alguna vez dije que yo no les cobro nada a los cubanos. Después me di cuenta que sí, que me pagan, me pagan y al contado con reconocimiento y toneladas de afecto.

El programa de mejoramiento de barrios - PROMEBA

Arquitecto Carlos Pisoni
Coordinador del PROMEBA

El Programa Mejoramiento de Barrios es un programa de Infraestructura Social, funcionalmente depende del Ministerio de Desarrollo Social y Medio Ambiente y su ámbito de aplicación es nacional, con la excepción de la Ciudad de Buenos Aires y el Conurbano Bonaerense. En estos años se han incorporado al Programa 21 provincias.

Cuando recibimos la invitación para este encuentro nos encontrábamos en pleno proceso de reflexión acerca de nuestra tarea profesional. Una de las cuestiones que más se mencionó en nuestro debate interno se vinculaba a la figura del arquitecto barrial, coincidente con la convocatoria de este encuentro.

En lo operativo, nuestra práctica va enriqueciéndose, retroaliméntandose con el intercambio operado con las familias afectadas por el Programa, con sus propuestas, solicitudes y reclamos. En este marco, el Programa originalmente considerado como un programa de infraestructura, se ha ido transformando con el aporte de los acompañamientos social y ambiental y con el aporte de todas las acciones que significan el mejoramiento del hábitat barrial. Para ello se trabaja fuera y dentro de las viviendas; afuera, en la provisión de la infraestructura y de mobiliario urbano; dentro de las viviendas, construyendo un núcleo sanitario completo, baño completo y conexión a cocina y lavadero, a partir del cual se organizan espacialmente. Esta es la respuesta básica que da el Programa, a la que hay que agregar equipamiento comunitario por barrio, cerrando la intervención con la regularización dominial por lote y por familia.

A las actividades señaladas se les ha incorporado progresivamente, una serie de articulaciones con otros programas y demandas, y de esta manera el Programa se ha convertido en un generador de respuestas consistente e instalado en todos los barrios en los que actúa.

En la actualidad el PROMEBA está ingresando en el Conurbano. Es una experiencia compleja por representar el área de mayor concentración de precariedad habitacional del país y, además, por su conformación urbana: alta densidad de ocupación con ausencia de tierra urbana disponible.

Algunos de los profesionales participantes de este encuentro, conocidos por muchos años de trabajo en el campo del hábitat, se han comenzado a vincular con el Programa. En conjunto estamos programando acciones en distintos municipios, Avellaneda, Lomas de Zamora, Moreno y Matanza entre otros, en los cuales vamos a ejercer una tarea diferente, dejando nuestra práctica tradicional sobre asentamientos planificados y ordenados, loteados, con calles abiertas, o en barrios preexistentes con alto deterioro y carencia total o parcial de servicios. La intervención en el conurbano va a ser una experiencia dura y difícil, pero muy enriquecedora para el Programa. Esta será una experiencia nueva, distinta, donde el tema de los esponjamientos y las relocalizaciones van a ocupar un sesgo central, cosa que no ocurre actualmente, ya que el PROMEBA es prácticamente un programa de consolidación.

Una de las condiciones que requiere el programa para brindar elegibilidad a los barrios, es que las ciudades cuenten con más de 20.000 habitantes. Ésta condición se está revisando dado que, en la mayoría de las Provincias y en particular en la Patagonia, existen dos o tres ciudades con más de veinte mil habitantes y el resto son menores, por lo cual se ha decidido que el programa comprenderá ciudades de hasta 5.000 habitantes.

Desde el punto de vista social, el Programa está dirigido a la población comprendida en los dos últimos quintiles de N.B.I. (necesidades básicas insatisfechas), familias con un ingreso familiar total de alrededor de doscientos pesos mensuales.

Los recursos económicos con que opera el programa corresponden a un crédito BID (Banco Interamericano de Desarrollo) otorgado al Estado Nacional (60%) y a recursos del tesoro nacional (40%).

El PROMEBA subsidia a los grupos beneficiarios del mismo. Esto implica que la devolución del crédito queda a cargo del Estado Nacional (70%) y de las provincias beneficiarias (30%). Salvo excepciones, las provincias no transfieren esa deuda a los Municipios, lo que determina deuda provincial, y, por supuesto, el Programa genera una restricción absoluta de transferir la deuda a los beneficiarios. En la presente etapa se cuenta con un crédito total de ciento setenta millones, suma que parece muy importante pero que en realidad es sumamente escasa para la demanda existente debida al aumento constante de la exclusión social, producto de un modelo económico que sumerge en la pobreza a miles de familias diariamente.

Otro de los aspectos sobre los que interviene el Programa es con relación al Espacio Público: señalización de calles, plazas, espacio de juegos para niños, playones deportivos, entre otros, representan el ejemplo de la intervención. Actualmente muchas de estas acciones son llevadas a cabo por la interacción con los vecinos. El objetivo es consolidar las organizaciones comunitarias preexistentes o crear nuevas organizaciones en caso de que no existan en el barrio en cuestión. En la secuencia de desarrollo de las intervenciones, se comienza por los acompañamientos social y ambiental, realizándose periódicamente talleres de acuerdo e integración con participación de la comunidad, seis meses antes de iniciar la intervención física. Luego se acompaña la actividad barrial y las actividades se prolongan seis meses después de terminada la obra física. Se produce de este modo una rica interacción entre comunidad y equipos de acompañamiento donde, en todos los casos, han aparecido nuevas actividades que exceden los presupuestos originales. Trabajo conjunto y participación son los ejes fundamentales en el éxito de las intervenciones. El proceso descrito rompe con el aislamiento, con la segregación a que estos barrios han sido sometidos. La acción del Programa integra realmente a estas comunidades al resto de la ciudad, creando ciudadanía urbana.

En este contexto de constante exclusión, el PROMEBA desembolsa anualmente un promedio de 25 millones de dólares, en obras. En la actualidad cuenta con una cartera de alrededor de 70 millones en proyectos formulados. La demanda de nuevas obras es constante y con un alto nivel de satisfacción por la población demandante. Uno de los objetivos prioritarios es el de la reproducción del modelo de gestión, considerando que es una práctica que, a partir de su implementación, se instala en los barrios objeto de la intervención. La experiencia brindada por la intensidad de la demanda existente, determina que es un modelo de gestión que se va a ir ampliando a escala provincial y municipal.

Otra de las prácticas que se han incorporado, vinculada a la figura de consultorio barrial, es la mecánica de efectuar, antes de cada intervención, un relevamiento de la totalidad de las viviendas preexistentes y, a partir de ese relevamiento, confeccionar un croquis que incluye la posible ampliación o crecimiento de las viviendas con orientaciones en relación a costos de materiales y sistemas constructivos.

Este anteproyecto sirve de guía a la familia para obtener un mejor rendimiento de las sumas de dinero que invierta en el futuro en el mejoramiento de su vivienda. En la medida en que se consolida el dominio del lote y la provisión de infraestructura, las viviendas comienzan a crecer ladrillo a ladrillo, en muchos casos milagrosamente, con el esfuerzo familiar.

Uno de los elementos importantes son los centros comunitarios. La idea es que estos centros sean multiusos, pudiéndose utilizar como comedores, centros de formación, etc., y, por supuesto, como lugar de reunión de toda la comunidad. Las funciones son de las más diversas.

Una de las restricciones que existe en la conformación del Programa es la posibilidad de operar como lote con servicios. El Programa consolida situaciones preexistentes generando una relación costo - beneficio social respecto de la infraestructura que sirve. Asimismo, el Programa actúa entre un mínimo de intervención de cincuenta familias y un número máximo de ochocientas a novecientas, por tanto el promedio de intervención ronda entre trescientas y cuatrocientas. El Programa no opera sobre situaciones de infraestructura aislada; por ejemplo, si a un barrio le falta solamente el servicio cloacal, el PROMEBA no interviene. Se actúa en operaciones integrales y se trabaja sobre zonas y sectores consolidados.

Barrio Manantial Sur (antes)
Pcia. de Salta

Barrio Manantial Sur (después)
Pcia. de Salta

La regularización de la propiedad de los lotes y el acceso a la infraestructura, a los servicios públicos, les genera a las familias un nuevo gasto que incide significativamente en su estrecho presupuesto. Por ejemplo, los servicios de abastecimiento de agua potable en algunas ciudades están a cargo de la administración provincial y en otras, de empresas concesionarias, incidiendo esto fuertemente en el nivel de las tarifas.

El PROMEBA se encuentra actualmente operando para obtener una ley nacional sobre tarifas sociales. La necesidad de regular las tarifas de los servicios públicos para los sectores carenciados es una condición para que tenga efectos sustentables sobre el gasto familiar, porque este es un componente del Programa que si no se obtiene, entonces los efectos del Programa pueden resultar altamente perversos en este sentido. El Programa legaliza situaciones de irregularidad, consolida familias, provee infraestructura, da acceso a la propiedad, pero de no resolverse el tema de las tarifas y los servicios, es altamente probable que en el corto plazo, se produzca el corte de los mismos. Y esto no puede ser. En función de esta situación la acción del Programa va apuntalando la sustentabilidad. Una de las estrategias para lograrla es plantear que, si el Estado realiza y paga una obra de infraestructura y luego la entrega para su explotación al concesionario del servicio, éste debería pagarla al Estado. Esta es una primera discusión que en general se va saldando bien. Se ha logrado que el costo de la intervención pase a ser el equivalente del pago de servicios por un plazo promedio de 24 meses y de hecho los concesionarios deben reconocer que es necesario encontrar puntos de equilibrio para generar tarifas que, usadas racionalmente, representen la denominada tarifa social.

Con respecto al tema de las tarifas el Programa realizó un relevamiento a escala nacional, del que surgen situaciones poco comprensibles con respecto a los criterios utilizados para la fijación de los tarifas ya que son muy distintos entre provincias y también entre ciudades de una misma provincia, disparidad que señala que en el momento de la negociación de las concesiones, la población no fue consultada ni informada, lo único que interesó fue traspasar al sector privado un servicio que venía prestando el Estado. En la actualidad este problema se está mostrando con un alto nivel de gravedad para la sociedad.

to como el de este seminario sería sumamente interesante analizar, por lo menos, lo que está pasando con nuestra América y con nuestra población. Estamos mirando a los pobres como una categoría social más, parecería que ser pobre es como ser rubio o ser bajo. Los pobres están considerados como si fueran una clase especial que esta ahí y a la que hay que darle, ayudarla, subsidiarla, cobrarle, pedirle que trabaje, que colabore.

El sistema de la participación es fantástico en el sentido que participen en las decisiones, pero no que participen sólo trabajando en los proyectos de los que estamos hablando.

No es una crítica específica sino una especie de reflexión. A mí me parece que la participación que se está logrando y de la que estamos todos contentos, en realidad implica que la gente, además de trabajar las ocho horas (los que tienen la suerte de trabajar), trabajen por lo menos cuatro horas diarias más en las Cooperativas. Estos son problemas de un sistema al que nosotros, los técnicos, de alguna manera intentamos encontrarle la mejor solución posible. Yo pido en general a los técnicos que reflexionemos sobre lo que estamos haciendo y sobre el rol que le estamos dando a esa población con la que queremos trabajar. Si realmente son beneficiarios, como se suele decir, beneficiarios de qué?

Esta es simplemente una reflexión y no un planteo con respecto al PROMEBA, programa que no conozco con profundidad.

Arq. Carlos Pissoni: Me interesa aclararte cómo es el Programa. Quiero señalar que cuando digo subsidiado, en referencia al Programa, digo que el Estado Nacional, de alguna manera, está devolviendo parte, una pequeñísima parte, a un sector social al que se le ha estado quitando algo durante mucho tiempo. Y esto significa subsidiarles el costo de un producto que les permite vivir con mayor dignidad; quiere decir que no tiene que pagar ni tampoco tiene que trabajar sobre esto. El trabajo lo hace un sector de la construcción, pero no significa favorecer a un sector o inventar un trabajo para hacer funcionar una empresa constructora.

Integrante del equipo PROMEBA: Sin desconocer el valor de la discusión macro, quería mostrar algunas cuestiones. De las veinticinco mil familias sobre las que estamos trabajando en este momento, el 60% de las cabezas de familias están haciendo dentro de su propio barrio una rotación de flujo de dinero que hasta el momento en que aparece el Programa no existía. El almacén del barrio incrementó sus ventas. Esas familias, por lo menos por dos años que es el período en el que el Programa está instalado en un barrio, tienen una mayor circulación de divisas. Obligamos a las empresas constructoras a que los contraten. No están haciendo autoconstrucción, están siendo contratados como mano de obra. Además, las empresas están obligadas a hacer capacitación dentro del área de la construcción, no son los peones de la empresa constructora. También estamos consiguiendo mejores condiciones de saneamiento para los chicos, para no reproducir enfermedades por falta de agua y, además, durante esos dos años hay un equipo de campo, que es uno de los roles para nosotros fundamental del Programa, que está acompañando en las áreas social, ambiental, urbana, legal y también en el tema tarifario. Trabajamos con ese barrio para pensar su futuro, no solamente para pensar en el ladrillo. Digamos que, para nosotros, el ladrillo es la excusa para entrar al barrio. El tema de la tarifa apareció con su mayor fuerza cuando se terminó el primer barrio y nos cortaron el agua a los quince días de colocar los medidores, entonces hubo que salir a dar una pelea mucho más fuerte. Lo que hasta ese momento era una pelea teórica sobre un escenario para nosotros todavía no tangible, se convirtió en la lucha del Programa para armar un escenario, de lo que nosotros llamamos (y nos peleamos por este nombre) pos-obra. Esto es así porque el futuro del barrio nos pesa tanto o más que la etapa de obra, ¿me entendés?, nosotros somos de este tipo de profesionales.

Arq. Carlos Pissoni: A mí me gustaría seguir con la reflexión planteada por el amigo uruguayo. Yo creo que hay algo que puede dar un Programa de mejoramiento barrial pensado como una unidad. Recién se mencionaba la cantidad de familias atendidas por el Programa y yo creo que hay que ir un poquito mas allá, pensando en el tema de la identidad, en qué medida este tipo de proyectos ayudan a consolidar, además de realidades físicas, realidades de otro tipo que tienen que ver con la identidad de las familias respecto de su barrio, de legitimar su capacidad de organización y de resolución de problemas para reivindicar ante el gobierno local como una expectativa. Ese es el tipo de cosas que el Programa debería incluir dentro del marco que tiene. Quizás su ausencia sea consecuencia de que, como comentaba al principio, efectivamente fue diseñado como un programa de infraestructura y luego le hemos ido agregando componentes para darle mayor nivel de integralidad. Pero me parece que hay un tema que todavía aparece dificultosamente. Creo que deberíamos pensar qué posibilidades tienen los programas públicos, desarrollados desde cualquier tipo de gobierno en América Latina, para ayudar a fortalecer las capacidades y las identidades de las organizaciones de menores ingresos para que se conviertan en actores sociales que discutan con el intendente su problemática, que no tenga que ver ya ni con el agua ni con el gas, sino que tenga que ver con el transporte, la escuela, la salud etc. Me parece que ésta es la perspectiva desde dónde hay que mirar, es decir, en qué medida es posible estructurar organizaciones que, además de resolver problemas puntuales como el de la tarifa o el empleo, contribuyan a la promoción social de los pobres con sus identidades y sus realidades.

Para pasar rápidamente de ese tema macro al tema micro de "la otra arquitectura", que es el que nos convoca, creo que supone un reconocimiento bastante distinto de cómo se estructuran las realidades de nuestras ciudades y del rol de los técnicos en esa construcción.

Creo que los arquitectos hoy estamos lejos de ser los proveedores de esa gran empresa constructora que son los miles de familias que se hacen sus casas, todavía no llegamos a entender cómo es esa dinámica y en qué medida nuestras intervenciones profesionales potencian la auto estima de la familia y su capacidad emprendedora o, por el contrario anestesian esa misma capacidad cambiando sus prácticas sociales por prácticas que nosotros creemos que son mejores para ellos. Yo trataría de bajar del tema de la organización social que creo que es un tema muy interesante pero que por ahí excede el alcance de este seminario, y me centraría en qué medida las prácticas profesionales que se han planteado como esta "otra arquitectura" son las que consolidan las identidades de los pobres en la construcción de la ciudad y la legitimación de las mismas, además de los beneficios concretos de la provisión del agua, de la legalización de la tierra y de lograr una mejor tarifa.

Ricardo Muttoni: Pido disculpas por intervenir de nuevo pero quería hacer alguna aclaración respecto a lo que estaba planteando. A mí me parece fantástico lo que sé esta haciendo y creo que sin duda es necesario lo que se está planteando.

Carlos Pissoni: No estamos buscando el elogio, no es cierto, no pasa por ahí la cosa.

mayor nivel de integralidad. Pero me parece que hay un tema que todavía aparece dificultosamente. Creo que deberíamos pensar qué posibilidades tienen los programas públicos, desarrollados desde cualquier tipo de gobierno en América
Latina, para ayudar a fortalecer las capacidades y las identidades de las organizaciones de menores ingresos para que se conviertan en actores sociales que discutan con el intendente su problemática, que no tenga que ver ya ni con el agua ni
con el gas, sino que tenga que ver con el transporte, la escuela, la salud etc. Me
parece que ésta es la perspectiva desde dónde hay que mirar, es decir, en qué
medida es posible estructurar organizaciones que, además de resolver problemas
puntuales como el de la tarifa o el empleo, contribuyan a la promoción social de
los pobres con sus identidades y sus realidades.

Para pasar rápidamente de ese tema macro al tema micro de "la otra arquitectura", que es el que nos convoca, creo que supone un reconocimiento bastante distinto de cómo se estructuran las realidades de nuestras ciudades y del rol de los
técnicos en esa construcción.

Creo que los arquitectos hoy estamos lejos de ser los proveedores de esa gran
empresa constructora que son los miles de familias que se hacen sus casas, todavía no llegamos a entender cómo es esa dinámica y en qué medida nuestras intervenciones profesionales potencian la auto estima de la familia y su capacidad
emprendedora o, por el contrario anestesian esa misma capacidad cambiando sus
prácticas sociales por prácticas que nosotros creemos que son mejores para ellos.
Yo trataría de bajar del tema de la organización social que creo que es un tema
muy interesante pero que por ahí excede el alcance de este seminario, y me centraría en qué medida las prácticas profesionales que se han planteado como esta
"otra arquitectura" son las que consolidan las identidades de los pobres en la
construcción de la ciudad y la legitimación de las mismas, además de los beneficios concretos de la provisión del agua, de la legalización de la tierra y de lograr
una mejor tarifa.

Ricardo Muttoni: Pido disculpas por intervenir de nuevo pero quería hacer alguna aclaración respecto a lo que estaba planteando. A mí me parece fantástico lo
que sé esta haciendo y creo que sin duda es necesario lo que se está planteando.

Carlos Pissoni: No estamos buscando el elogio, no es cierto, no pasa por ahí la cosa.

Ricardo Muttoni: Estábamos refiriéndonos a lo que era la demanda manifiesta y la demanda oculta. Quizás la demanda manifiesta sea el agua o el pavimento, pero yo creo que hay una demanda oculta que es que la población en sí no tiene vocación de pobre y demanda condiciones para salir de esa situación. Sin embargo nosotros consideramos que ahí están y ahí se van a quedar. Yo les quiero contar una pequeña experiencia realizada en Caracas, que se hizo en un asentamiento de diez mil familias ubicadas al borde de un arroyo que cruza la ciudad. El equipo técnico que abordó el tema, que no era del sector público, quería reubicarlas en otro sitio, porque, entre otras cosas, moría mucha gente con las inundaciones. Se elaboró un proyecto participativo en el que los recursos los manejaba directamente la comunidad. Ellos decidían a quienes contrataban, que cosas hacían, cómo se priorizaba, y desde ahí empezaban a negociar, ya sea con el Estado, con las empresas de saneamiento, etc. Entonces, de esta manera, se da un proceso de crecimiento y maduración de parte de la población; ella asigna los recursos de acuerdo a sus propios criterios que parten de un claro conocimiento de las necesidades del grupo y de sus integrantes: lo que vos estas necesitando es agua, vos lo que estás necesitando es pavimento en tal lado. La población en ese caso priorizó, y en general sabe priorizar perfectamente, por mas que uno pueda coincidir o no, pero prioriza ella de acuerdo a sus necesidades y se hace un trabajo verdaderamente integral. Ese es un poco el planteo. Les pido disculpas por la intervención.

Público: Quería preguntarle cómo se articula la implementación de un programa técnico con la forma de acumulación política que exista en esa ciudad o barrio.

Arq. Pissoni: ¿El clientelismo decís vos?, es todo un tema. Nosotros dentro de nuestra estructura de funcionamiento no hemos tenido, pueden creerme o no, pero no hemos tenido ningún tipo de direccionamiento en ese aspecto desde el Estado Nacional. Puedo citar el ejemplo de la provincia de Salta, que se caracteriza por su estructura política clientelista, pero con respecto al programa y con respecto a familias en esta situación ha operado muy eficientemente, tiene mucha agilidad de respuesta. En cambio, en otras provincias, todo el tiempo hay que ir a una confrontación debido a que lo clientelístico tiene un peso muy grande.
Voy a contar una anécdota: después de muchos esfuerzos, quiero decir, después de formular el programa, de enviar técnicos, de elaborar proyectos, hoy tenemos

dos proyectos formulados y con pliego armado, ambos cerrados en la Provincia de Santiago del Estero. Son para dos comunas: Frías y Santiago Capital y en total son setecientas familias entre los dos barrios con unas carencias impresionantes. El gobernador cree, porque no se ha preocupado y no hay forma de hacérselo escuchar, que él tiene que devolver el cien por cien del costo de la intervención y que esto significa una deuda importante para la provincia. Entonces tiene en su escritorio los dos pliegos y no firma la autorización para el llamado a licitación. Los intendentes de ambas localidades, uno es de la Alianza y el otro del Justicialismo, no tienen interlocución con él, el Ministro Coordinador de la Provincia no puede hablar con él y ayer salió en el diario que la provincia de Santiago del Estero no solo tiene déficit cero sino que tiene doscientos millones guardados en caja, pero no hace obras, tampoco da respuestas a la gente. Si vos me preguntás cómo se soluciona esto, no tengo respuesta, no sé, porque es todo un tema, es dramático, y genera odio y bronca, porque las familias están ahí y la demanda está, y las necesidades están, y bueno, ahí aparece lo político, lo clientelar. ¿Cómo se resuelve esto?, en algunos casos se resuelve, en otros como el que acabo de contar, hasta el momento no se ha podido resolver.

Creación y desarrollo de una organización de financiamiento y asistencia a sectores populares en la construcción y mejoramiento de su hábitat

Licenciado Raúl Zabalía
Director de la Fundación "Pro Vivienda Social"

Esta exposición resume nuestra experiencia de años de trabajo en la Fundación Vivienda y Comunidad y de tantas otras organizaciones de la sociedad civil que de una u otra manera están buscando contribuir desde un espacio profesional a mejorar las condiciones de vida, y no solamente las condiciones físicas de vida sino las condiciones que permitan realizar una mejor calidad de vida para los sectores de menores ingresos.

La misión de la Fundación "Pro Vivienda Social" es contribuir a la solución del problema de la pobreza a través del mejoramiento de la vivienda y de las condiciones de vida de los sectores de menores ingresos. La Fundación concentra su acción en el problema de la vivienda y del hábitat pues entiende que son condiciones necesarias para alcanzar una vida digna, para la promoción de la persona y de la familia y para alentar el desarrollo de la integración y de la solidaridad en la comunidad.

Creada en el año 92, la Fundación estableció como estrategia institucional el trabajo en alianza con otras organizaciones; en particular tenemos una alianza desde el inicio con la Mutual "El Colmenar" que es una organización de base de la zona de Moreno que atiende una población de diez mil familias a través de un servicio comunitario de transporte. Hemos trabajado con "El Encuentro Guarderías" que es otra organización que agrupa unos veinte comedores y guarderías en el área del Gran Buenos Aires. La alianza tiene que ver no solamente con la articulación con las organizaciones territoriales, sino también con el sector público.

Actualmente estamos desarrollando un programa de provisión de infraestructura y tenemos articulación con el municipio de Moreno y una alianza muy importante con las noventa organizaciones de base que operan en la zona.

La Fundación entiende que la conformación del tejido social, que emerge de lo que llamamos la alianza, es lo que va a permitir generar la infraestructura para el desarrollo de los programas de mejoramiento de hábitat y de micro crédito.

La alianza también se manifiesta en la propia composición de la institución. La Fundación está conformada por diversos sectores: tiene un consejo de administración integrado por empresarios nacionales y su equipo técnico está constituido por profesionales y técnicos que operan en el área social desde hace más de veinte años. Esto enriquece la visión de la problemática por la diversidad de conceptos y en cuanto a las herramientas que permitan lograr un desarrollo sostenible de las condiciones de vida de los sectores más pobres de la población.

La focalización territorial ha sido otro de los temas clave. Entendemos que para producir esto que ahora se llama el capital social, se necesitan generar las condiciones para un cambio de cultura. Y no hablo de un cambio producido por el solo hecho de que ayer no tenía algo y ahora lo tengo, sino que, si ayer dependía del puntero político o del mercado que hacía de mí un cliente al cual le sacaba el dinero de muy distintas maneras, hoy me convierto en un ciudadano de derecho. En el Gran Buenos Aires hay una población que ha caído y que no tiene una historia en común. Para ello la focalización territorial lo que hace es primero buscar una identidad de las propias familias y segundo la identidad de ellas con el territorio. Son procesos largos porque se trata de construir identidad.

Este planteo es muy distinto al del proyecto original.

La Fundación trabaja en la misma área territorial desde el año 95. Ha atendido hasta el momento unas siete mil familias.

La focalización territorial es una concepción estratégica indispensable para que las acciones que se articulan desde el hábitat logren en el largo plazo la consolidación de organizaciones sociales que puedan llevar a cabo la resolución de sus problemas a través de su propia gestión.

La otra estrategia es conseguir llegar a un gran número de familias. Venimos de experiencias de pequeños proyectos y pensamos que es importante ampliar la escala de operaciones dado que el problema habitacional excede a los dos millones de familias.

Uno de los objetivos centrales es el de la replicabilidad; nosotros entendemos que si no hay una posibilidad de desarrollar un modelo que después sea replicable, el alcance de las acciones que pueda llevar a cabo la institución es ciertamente limitado.

Los programas

El programa original de mejoramiento habitacional, que se inicia con financiamiento a través de micro créditos otorgados a grupos solidarios, comienza en el año 95 y trata de apoyarse en las experiencias de operatorias que han funcionado en sectores de menores ingresos vinculados al micro crédito. Se aprendió mucho de todas las operaciones de financiamiento a microempresas llevadas a cabo tanto en nuestro país como en el exterior. Hay países que hace más de veinte años están operando con este mecanismo en sectores de muy bajos ingresos y, en general, aplicado al desarrollo del autoempleo, y nosotros hemos tomado este modelo como un instrumento para el desarrollo del mejoramiento habitacional haciéndole algunas adecuaciones metodológicas. Con ese modelo se comenzó a trabajar en el año 1995 y recién en el 98 se introdujo el proyecto de asesoramiento técnico.

La primera pregunta que uno se puede hacer es el porqué de ese desfasaje en el tiempo. En un momento se pensó que era una condición necesaria para la creación de un programa de asesoramiento técnico que tuviera una infraestructura donde efectivamente pudiéramos tener una relación de trabajo basada en la autonomía de nuestros clientes. Esto significa que si el asesoramiento técnico venía de entrada, quizás no iba a permitir el desenvolvimiento totalmente libre por parte de nuestro cliente, ya que de entrada, le resultaba bastante extraño que se le otorgara un crédito con garantía solidaria. Entonces parecía necesario esperar un tiempo hasta poder plantear el tema de asesoramiento técnico y también es cierto que, si bien se había desarrollado en el mundo un modelo vinculado al tema del micro crédito desde fines de los años 70, no existía la misma experiencia en lo referente al asesoramiento técnico.

Hoy, veinte años después, en la Argentina, estamos tratando de dar los primeros pasos para entender esta otra forma de actuación profesional, y los que hemos ido buscando en las experiencias llevadas a cabo en otros países no hemos encontrado todavía modelos de asesoramiento técnico perfeccionados que resulten satisfactorios para enfrentar nuestra realidad.

Resumiendo, lo que hemos planteado es que nosotros manejamos la chequera del desembolso del crédito pero la decisión de en qué se gasta el dinero la toma el propio vecino, sea esto comprando los materiales en el corralón que a él le convenga o buscando algún tipo de asesoramiento si le pareciera que eso merece la pena.

No queríamos lanzarnos con dos aventuras al mismo tiempo y preferimos desfasar la asistencia técnica en el tiempo.

Este año la Fundación ha iniciado un programa de infraestructura de servicios urbanos que es fruto de un trabajo que realizamos el año pasado. Algo interesante fue que, a mediados de año pasado, planteamos hacer una encuesta a los grupos que habían recibido préstamos de la Fundación con el fin de establecer la demanda y las formas concretas que debería tener un programa de infraestructura.

De los mil setecientos grupos solidarios que se habían conformado hasta ese momento, se tomaron veinte grupos al azar y se les preguntó (después de reunirnos una tarde con ellos con un equipo de sicólogos sociales que hicieron todo el trabajo con nuestros clientes) qué pensaban acerca de la posibilidad de convertirse ellos en promotores del sistema de crédito para mejoramiento. La gente planteó que estaba de acuerdo pero, al mismo tiempo, planteó que la Fundación se convirtiera en promotora de un programa vinculado al tema de infraestructura ya sea ésta agua, cloacas o gas. Se analizó esta propuesta y se decidió llevarla a cabo. En función de las conclusiones de este trabajo, en el 2001 iniciamos un programa en cinco de los doscientos barrios donde está disperso el programa. En estos cinco barrios, en los que se inició el programa de servicios urbanos, viven cuatro mil familias de las cuales ochocientas habían tomado crédito para mejoramiento de vivienda. Esa es un área que cuenta con una masa crítica de gente que está en condiciones de asumir un proyecto más ambicioso como es la realización de la red de distribución de gas y de conexiones domiciliarias para esas cuatro mil familias. El programa de mejoramiento habitacional se ha desarrollado en cinco municipios del noroeste del Gran Buenos Aires que son Moreno, San Miguel, Malvinas, José C. Paz y Merlo (se van a enojar los de Derqui y los de Rodriguez que también son clientes nuestros, pero bueno),digamos que está centrado fundamentalmente en ese territorio de seiscientos cuarenta y tres kilómetros cuadrados, creo, que representa más o menos tres veces la superficie de la Capital Federal. En él residen cerca de un millón de habitantes (estos son datos un poco a ojímetro porque el censo todavía no sale, son los datos de las proyecciones del censo del noventa y uno) lo que equivale a unos 210.000 hogares que se alojan en un parque de viviendas que presenta un 66 % de unidades en condiciones deficitarias.

La operatoria que ofrece la Fundación a los vecinos consiste en un crédito solidario. Se constituyen grupos de tres a cinco familias y los montos van de trescientos a mil quinientos pesos renovables por familia. Es un sistema de crédito con renovación mas o menos automática, con un plazo de amortización de entre seis y dieciocho meses.

Una restricción que nos hemos impuesto es que no vamos a ampliar el área de trabajo hasta que por lo menos entre el 10% y el 15% de las familias hayan tomado crédito porque entendemos que es el modo en que uno está garantizando que lo que está planteando le sirva a la gente; éste es un programa de demanda abierta, no es un programa donde uno toma un barrio y hace algo sino que uno se disfraza de lo que sea para que la gente solicite un crédito. La Fundación tiene su sede en San Miguel y tres sucursales que lindan entre José C. Paz y Moreno.

Hasta la fecha, de las siete mil familias auto constructoras que accedieron al crédito, el 68% lo renovaron. Se formaron mil setecientos grupos solidarios. El monto promedio del primer crédito es de $ 380 y el monto promedio de la renovación es de $ 900. Se construyeron y/o mejoraron treinta y tres mil trescientos treinta metros cuadrados y se desembolsaron once millones de pesos. Actualmente hay una cartera de un millón y medio de pesos, tres mil seiscientos de los siete mil tienen créditos activos, hay una mora del 10% y las acciones de construcción que han realizado nuestros clientes son 78% en mejoras, 12% en ampliaciones y 10% en vivienda nueva.

En la Fundación Vivienda y Comunidad alguien pegó en la cartelera una frase que decía "El rico primero construye y luego habita, el pobre primero habita y luego construye". Esta idea nos da vuelta, ellos nos ponen cabeza abajo y nos dicen, bueno ahora explícame cómo hacemos la casa ya que estoy viviendo adentro, ya armé esto, ya la puse mal adelante o bien atrás.

¿Cómo sigo?

Es en este proceso que es necesario asistir a las familias, proceso que va desde la obtención del lote y su ocupación por la familia original hasta la incorporación de allegados, que es lo que hoy llamamos nosotros, un poco tristemente, los conventillos en el Gran Buenos Aires, donde hay dos o tres viviendas en cada lote.

Por efecto de la ley provincial de uso del suelo (Ley 8912) no hay disponibilidad de lotes en el Gran Buenos Aires y entonces la gente termina poniendo tres casas en un lote donde solamente hay lugar para que viva bien una sola familia. Entonces, con la obtención del lote se inicia un proceso que sigue con la construcción de una vivienda precaria, la obtención de la luz y el agua, luego el inicio de la vivienda de material, la construcción discontinua y errática y al final, la incorporación de los allegados a la vivienda y al lote. Esto es lo que todos conocemos, pero en definitiva, para nosotros, el tema siempre es develar el misterio de cómo construye la gente, porque el día que entendamos y aprendamos efectivamente cómo es ese proceso, que en general dura treinta años, podremos encontrar la forma adecuada del asesoramiento técnico y de la asistencia financiera para ese proceso.

Nosotros acá asumimos con claridad que los procesos de mejoramiento y de construcción de la vivienda en el Gran Buenos Aires duran treinta años. Cuando el año pasado, organizamos este evento con los veinte grupos, se le preguntaba a la gente: "¿Cuánto tiempo hace que estás construyendo tu casa?", y el promedio, de acuerdo a las edades que cada uno tenía, da treinta años. Entonces, ¿cómo pensar un proceso de financiamiento? Creo que el micro financiamiento es una herramienta muy pertinente, aunque no se puede pensar como un flujo continuo, porque los clientes en algún momento dicen: "Ahora voy a descansar", entonces, en determinado momento en que uno que está contento porque está entregando un crédito que funcionaba muy bien y la casa ha evolucionado, resulta que el fulano decide que durante los próximos dos años no podrá seguir utilizando esos pocos ahorros en la vivienda porque necesitaba satisfacer otras necesidades.

En el caso del asesoramiento técnico el tema es mucho más complicado porque cómo hacerle ver a alguien que ha hecho en forma errática y discontinua su inversión en la vivienda, cómo hacerle entender la necesidad de planificar a largo plazo? Las indeterminaciones son casi infinitas, desde cómo será esa familia dentro de treinta años hasta qué sentido tiene tratar de imaginar algo tan remoto. Esa es una de las dificultades grandes para pensar y estructurar un asesoramiento técnico en el largo plazo.

Ya sabemos que la mayoría de las viviendas auto construidas no cumplen con las normas municipales, tampoco con las condiciones de habitabilidad de los locales ni con la iluminación y la ventilación exigidas. Estas falencias responden al hecho de que el auto constructor, productor de su propia vivienda, no cuenta con un diseño inicial de su propia vivienda que le permita planificar su terminación. Eso es lo que nosotros advertimos desde lo técnico. Tal como decía el cartel de la Fundación Vivienda y Comunidad, el rico primero piensa, diseña y luego ejecuta;

el pobre construye directamente, sin ningún plan. Entonces, ¿cómo hacer para que el que hace pueda pensar su hacer?, éste es el dilema que nos planteamos y consideramos que, en este marco, uno tiene que escuchar al que hace para poder entender su lógica y de esa manera tratar de ver cómo ayudarlo a planificar.

La gente en general para construir su casa consulta a personas que le parecen confiables y a las cuales tiene acceso, pero en general no son arquitectos ya que este personaje es visto como alguien inaccesible, y de hecho lo es. Así es que, de hecho, a la población de menores ingresos no la atiende nadie. El personaje confiable para él, en general, es el albañil que ejecuta los trabajos. Transformar a este personaje, que además generalmente se caracteriza por su escaso conocimiento del oficio, en asesor, es algo así como si el lobo fuera asesor de la oveja. Porque el tipo necesita vivir y necesita venderle algo a su cliente, así como el vendedor del corralón, que le provee los materiales le hace comprar hierros como si el tipo fuera accionista de ACINDAR y entonces uno tiene ahí unos cimientos espectaculares para una casa que no necesita más que unos hierros del 4.

Para el diseño y desarrollo de la asesoría técnica pensamos que lo primero es el reconocimiento del protagonismo de las familias en el proceso de construcción de las viviendas. No vamos a intentar jugar el papel de proveedores, ni de directores de obra, ni de ninguna otra cosa por el estilo que viene de nuestro esquema profesional convencional. Si efectivamente reconocemos el protagonismo de la gente y podemos ayudar a inducir el proceso de mejora en la calidad del diseño de la construcción de las viviendas, surge la necesidad anterior de generar un vínculo confiable para que el servicio de asesoría técnica pueda materializarse. Si no creamos esa relación desde la cual sostener ese diálogo, todo lo que hagamos será cartón pintado, será un lindo papelito que quedará archivado o dibujado por los chicos en una tarde de lluvia. O sea, si no hay un vínculo confiable anterior donde efectivamente la gente reconozca que uno viene a convertirse en su proveedor, que los vamos a respetar como clientes o como protagonistas, todo lo que hagamos en el medio no sirve, aunque tengamos unos proyectos fantásticos y unas terminaciones ideales.

Para que esto sea posible creemos que el modelo de asesoramiento debe alcanzar a un gran número de familias, aún sabiendo de la dispersión geográfica de las mismas y de la diversidad de las situaciones a las que hay dar respuestas. Esta es la otra premisa indispensable para asegurar la confiabilidad.

Hace unos años se decía que "lo pequeño es hermoso" pero, lo grande es espectacular, o sea, la idea es que si no logramos que el programa de asistencia técnica tenga un gran alcance, no podremos producir el efecto social necesario, teniendo en cuenta que hay dos millones de familias que están esperando que nosotros pensemos algo que les sirva a todos y no solamente a un pequeño grupo de familias.

Para lograr este objetivo era importante pensar cuáles eran las alianzas, cuáles eran las articulaciones, cuáles eran los convenios que la Fundación debía realizar con distintas instituciones, para garantizar una amplia cobertura territorial. Para ello nos resulta muy buena esta idea del consultorio como una unidad operativa mínima que pueda estar inserta en los barrios de la misma manera que está inserta la farmacia o el quiosco. La idea básica es dar apoyo partiendo del reconocimiento de las capacidades de los asesorados, es decir, no hacer aquellas cosas que las familias hacen por sí mismas. Nosotros nos dimos cuenta de que a veces nos metíamos en temas que la gente efectivamente resolvía sola, con lo cual nuestra intervención era negativa. Para evitarlo nos pareció bueno esperar a tener un adecuado conocimiento de los requerimientos reales para instalar el servicio con el fin de lograr una adecuación del mismo a las necesidades y posibilidades de la familia. Por otra parte reconocemos que es difícil encontrar una articulación entre la capacidad económica limitada que tiene la gente para ir haciendo su vivienda por etapas, con un proyecto que sea sostenible en el tiempo.

Para avanzar en este tema empezamos indagando los problemas a enfrentar con el asesoramiento técnico. Entre 1995 y 1998 el programa de micro crédito permitió llegar a un gran número de familias con un recurso que posibilitaba continuar con la construcción de las viviendas. Pero para que haya asesoramiento técnico tiene que haber continuidad. Si la gente saca un primer crédito y no lo renueva nunca, significa que no hay una idea de una mejora permanente. Por eso, en esos años, estuvimos viendo si efectivamente iba a haber continuidad de la decisión de la familia de mejorar sus casas, y después, a través de este servicio financiero, se establecieron los vínculos de confianza y reciprocidad con cada familia que permitieron en una instancia posterior, ofrecer el servicio de asesoría técnica. Estas dos cosas son como los cimientos, hay que hacerlo bien. Si uno no se toma el trabajo de saber dónde está parado aquel a quien uno quiere llegar, es seguro que mete la pata.

¿Qué instrumentos teníamos para establecer cómo se construía y qué necesidades aparecían?, las verificaciones técnicas. Como nosotros damos micro crédito para el mejoramiento de vivienda, que tienen una exención específica del IVA, es necesario hacer las verificaciones para saber si la gente realmente utiliza el crédito para los fines acordados. Con ese objetivo se realizan visitas a las construcciones que a su vez, sirven para determinar la calidad de lo construido y las necesidades de asistencia. Las verificaciones técnicas por muestreo que se realizaron en esta etapa permitieron corroborar que el 95% de los fondos prestados tuvieron como destino el mejoramiento de la vivienda. En lo referente al tipo y calidad de vivienda que se auto construye tenemos desde gente que construye fantásticamente bien con madera o con lo que sea, y gente que gasta una fortuna en hacer unas macanas espectaculares pero, que no sólo no las reconoce, sino que están orgullosos de sus propias macanas. Este es un claro indicador de la diferencia de valores con que se manejan las distintas familias, y su distancia con los juicios técnicos. Tomando como base este estudio, se hizo un diseño y se puso en marcha una experiencia piloto de asesoramiento técnico que tuvo lugar entre 1998 y este año, 2001. Se realizaron sucesivas aproximaciones para abordar el diseño que respondiera a las premisas básicas propuestas. En 1998 se realizó una alianza con la Escuela Técnica de Trujui; fuimos a buscar a los maestros mayores de obra porque eran los que formaba la escuela técnica de la zona de Moreno dirigida por el arquitecto Claudio Caveri. En esto también funcionó el criterio de la alianza. Alumnos y profesores realizaron proyectos concretos a solicitud de los clientes del programa. Tuvimos alguna dificultad porque la escuela es la escuela, o sea que hay que ir a la escuela, es difícil que la escuela vaya al barrio. El tema era cómo articular los horarios y la dinámica de la escuela con la dinámica de nuestro cliente, o sea, cómo meter el barrio adentro de la escuela. El asesoramiento fue personalizado, es decir, por familia. El aspecto positivo de esta etapa fue haber contado con pasantes de la escuela técnica de Trujui para apoyar los trabajos de área técnica, o sea, contar con recursos técnicos a bajo costo para la etapa de pre-proyecto y para los asesoramientos técnicos a diferentes problemas constructivos en el diseño.

Pero también la metodología presentó dificultades debido a los tiempos de evolución de los proyectos solicitados. La gente, hasta que no tiene la plata en la mano, no decide qué es lo que va a hacer, porque además, pareciera que tampoco está segura de que le van a dar la plata. Entonces, tratar de hacer que la gente empezara a pensar un mes, o dos meses, o tres meses antes del momento que comenzara la acción, era un problema. En general la gente tomaba el dinero y decía "mas vale que gaste la plata ahora porque, si no la gasto, se la lleva el remedio, la fiesta de quince de mi hija o lo que sea". Así, en el tiempo que transcurría entre que se tomaba la demanda y se respondía con una propuesta y a pesar de que no era mucho tiempo (quince días en algún caso), cuando uno llegaba con el lindo proyecto que había discutido con la familia en un rato fantástico, el dinero ya había ido a parar a no sé qué, al cemento o a la arena o a lo que estaba barato en ese momento. El número de familias alcanzadas por el proyecto de asesoramiento técnico fue pequeño, en ese momento cuarenta y cinco familias.

En el periodo 1999 – 2000, decidimos hacer una apuesta más grande. Contratamos a algunos de esos pasantes dentro de nuestro equipo técnico y los promotores del sistema de crédito pasaron de ser chicos del barrio sin ningún tipo de formación a ser maestros mayores de obra que saben distinguir una pared bien hecha de una pared mal hecha. Entonces nos planteamos la articulación de una cosa con la otra. La integración de esas dos funciones ha sido muy positiva. A través de la integración de estos alumnos se constituyó una mesa técnica conformada por el arquitecto a cargo del asesoramiento técnico y los pasantes del último año de la carrera de maestros mayor de obra de la escuela técnica. En ese momento se hicieron doscientos cuarenta cómputos y presupuestos. La gente sólo quería el cómputo del presupuesto, empezar a pensar la casa le costaba bastante. Después hubo unas cincuenta consultas puntuales.

La evaluación de esta etapa dice que al abarcar un mayor número de clientes se solicitan respuestas técnicas puntuales a problemas constructivos específicos, lo cual es un avance. Pero sabemos que son sólo aproximaciones. Queda pendiente satisfacer la necesidad más importante de nuestros clientes, el diseño de la vivienda completa para planificar su terminación.

El último año, uno de los promotores que no era ni el arquitecto, ni uno de los maestros mayores de obra, planteó una especie de estrategia comercial para el tema de los créditos, dijo: "Vamos a hablar de un Plan de Viviendas, así como hay plan de viviendas FONAVI, vieron? Bueno, vamos a hacer un plan de viviendas, cuyo objetivo sea proporcionar prototipos de proyectos completos con planos, instructivos de construcción, etapas de obra, cómputos y presupuestos.

Actualmente hay cinco o seis prototipos dando vueltas por las oficinas que la gente mira con cariño y de los cuales, casi siempre elige el mismo, el 2B creo que se llama. Con lo cual, parece que tampoco hay tantas variaciones en cuanto a lo que la gente quiere, por lo menos, digamos, desde lo que la gente ve en la maqueta como proyecto de vivienda. Y los promotores asumen un rol central en el ofrecimiento y recepción de consultas técnicas integrando el crédito solidario al desarrollo de la vivienda.

Me voy a parar un minuto acá. Hay excelentes arquitectos que son bastante malos financistas. Había que tratar de juntar un promotor que lo que va a hacer es ofrecer un crédito para la mejora de la vivienda, con alguien que sabe mirar una casa, entonces, ¿cómo juntar en un solo recurso este tema?. Creo que la acción necesaria es una acción como de contagio por virus. O sea, el virus de la asistencia técnica empezó a penetrar el área de promoción de crédito donde la gente sabe cómo evaluar un crédito, porque sabe como indagar una familia en cuanto a cuáles son sus ingresos y sus gastos, pero quizás no tiene la capacidad para pensar la ampliación de una casa son esa misma familia.

Pregunta: ¿Cómo actúan con las personas que solicitan un crédito?

Raúl Zabalía: La persona que llega para solicitar un crédito es aquella que ya ha comenzado la construcción de su vivienda, entonces comenzamos diciéndole: "Dibujame qué es lo que ya tenés, pensá qué es lo que te gustaría y tratemos de ver cómo lo que te gusta se puede sumar a lo que tenés", esta es una forma de encarar la cosa.

De este modo armamos una casa completa. Asumiendo el protagonismo de lo que ya tiene construido, eligiendo el prototipo de lo que le gustaría tener, tratamos de hacer juntos el plan para terminarlo. Esa estrategia anduvo bastante bien. La gente mira las maquetas, empieza a elegir, a pedir los cómputos y después le dirá al albañil: "Che, mirá, a mí me dieron este cómputo, ¿porqué vos usas seis bolsas de cemento si a mí me dijeron que con cuatro?"

Actuamos así, empezando un diálogo que es muy productivo. Resultados: de doscientas cuarenta verificaciones y setenta consultas por asesoramiento de los clientes surge lo siguiente: el 46% solicitó proyectos particularizados, el 25% adoptó algunos de los prototipos, el 22% solicitó asistencia técnica puntual, "que venga el arquitecto", pero hasta el replanteo, después nada. De las personas a las que se les otorgó crédito el 7% solicitó la realización de cómputo y presupuesto.

Así se profundiza la interacción con los clientes alrededor de la terminación de sus viviendas y la planificación de su realización por etapa. Hace tres años que comenzamos y recién ahora empezamos a entrar en lo que para nosotros es el tema central que es cómo armar un plan para terminar las viviendas y planificar su realización por etapas.

A partir de la experiencia de estos años de trabajo, ahora queremos brindar también el servicio de asesoría técnica. Con este fin realizamos una experiencia piloto que permitió mostrar que tendría aceptación entre nuestros clientes, que la Fundación podrá brindar asesoramiento técnico a través de profesionales y técnicos. Esta posibilidad se abre por la relación de confianza establecida con nuestros clientes a lo largo de estos años.

Pensamos que para llegar con el servicio de asesoría técnica a un gran número de familias se requiere de una fuerte inserción local de la institución, para lo cual hay que concentrar el trabajo en un espacio circunscrito del espacio urbano y construir alianzas con otras organizaciones que actúan en ese mismo espacio.

La gente dice: "¿que hace un arquitecto acá?, si acá en el barrio no hay ninguno y si hay alguno trabaja en el centro, acá no viene".

Para que el servicio de asesoramiento sea útil y tenga continuidad se requieren dos condiciones: especializarse en la problemática de los auto constructores y posibilitar la sostenibilidad del servicio a través del arancelamiento, este es un punto importante. Nosotros entendemos que hay un montón de arquitectos que han elegido trabajar con la población de sectores populares como una vocación complementaria a su actividad principal, que es la que les permite vivir, por lo tanto deben encarar su vocación complementaria como una acción voluntaria y gratuita. Nosotros, en realidad, queremos dar un paso más, queremos que efectivamente este sea un medio de vida para los arquitectos y a la vez un servicio sostenible temporal y económicamente para nuestros clientes y entendemos que la única forma de que esto se concrete requiere la figura del arancel, del cobro de los servicios profesionales.

Hace poco tiempo se realizó una encuesta con relación a estos temas, a todos nuestros clientes, que aún no se ha terminado. A los efectos de adelantar resultados se tomó una muestra de cien encuestas del total, que arrojó los siguientes resultados: el 84% recurriría a un profesional para el diseño de su vivienda y para resolver los problemas constructivos, el 72% pagaría por ese servicio, el 42% solicitaría proyectos completos, el 34% consultaría en la resolución de problemas constructivos, el 17% contrataría en la realización de los planos municipales y otras regularizaciones, el 7% requiere cómputo y presupuesto.

Resulta importante resaltar el hecho de que la gente esté de acuerdo en pagar un servicio técnico, sobre todo si tenemos en cuenta que hasta el momento la Fundación ha prestado este servicio sólo a un porcentaje muy reducido de los siete mil clientes que tiene. Creemos que esto significa un cambio cultural importante; la gente dice, estoy dispuesto a pagar el servicio y a recurrir a un profesional para este tema, después veremos cuánto estaría dispuesto a pagar y cuánto estaría dispuesto el arquitecto a cobrar. Estos resultados y la experiencia piloto desarrollada nos permiten plantearnos el servicio de asesoramiento técnico a través del programa Un Arquitecto para su Casa. propuesta que se la hemos copiado un poco a los uruguayos. ¿No? ¿Casi todo? Una letra no. Nosotros la llamamos Un Arquitecto para su Casa, otros hablan del Arquitecto de la Comunidad y otros de otro nombre que no sé si se puede divulgar, pero me parece que se va a llamar Arquitecto de Familia. La familia, la comunidad, la casa, por distintos lugares estamos entrando al mismo tema.

Pregunta: ¿Cuál es la meta del programa para el año 2002?.

Raúl Zabalía: Quinientos asesoramientos. El año pasado UDEVIS organizó un concurso para seleccionar las mejores prácticas y nosotros ganamos el premio de las ONGs. El proyecto que nosotros presentamos era hacer un laboratorio que analice cómo se presta el asesoramiento técnico, y es lo que vamos a implementar en el año 2002. Vamos a estudiar cómo se van a prestar quinientos asesoramientos técnicos, pero no en el aire, sino con algún mecanismo de monitoreo que ya veremos cómo hacemos para financiarlo. La especialización del servicio la brindará el Colegio de Arquitectos de la Provincia de Buenos Aires con quienes se realizó una asociación estratégica para llevar adelante este programa. En el mes de enero, nos reunimos por primera vez con ellos y nos dijeron que estaban buscando otro esquema de actuación profesional para sus asociados con lo cual nuestra propuesta le abría un camino al Colegio. Esto posibilitaría que el servicio de asesoramiento no lo haga la Fundación sino que lo hagan los arquitectos como una nueva forma de ejercicio profesional. Creo que muchas otras ONGs estarían muy contentas de contar con este servicio y quizás algún municipio también.

La idea es que la inserción local estará dada por el programa de mejoramiento habitacional y los consultorios técnicos funcionarán, en una primera etapa, en las sucursales de la Fundación; si los arquitectos pueden conseguir un boliche propio, ¡fantástico!, pero, por las dudas, les ofrecemos nuestra infraestructura. Con esto avanzamos sumando actores a esta alianza para ir construyendo el tema del capital social y de la confianza. La Fundación solicitará al programa, como primera tarea (ellos todavía no lo saben) el relevamiento habitacional del área donde se está desarrollando nuestro primer programa de infraestructura, en la que viven cuatro mil familias.

El Colegio realizará la capacitación y selección de los profesionales que actuarán en los consultorios.

Cuando tengamos que hacer la obra de gas se hará necesario levantar un plano de cada casa para establecer el lugar de los artefactos y la instalación interna de la cañería. La idea nuestra es aprovechar esta situación para relevar las cuatro mil viviendas del área en las que se va ha instalar la red de gas. Esta información va ha permitir disparar desde ahí el proyecto de mejoramiento de viviendas.

Nosotros sabemos cómo vive la gente en el barrio, sabemos cómo darle

un crédito, tenemos un arquitecto especializado en estos temas y creo
que este evento es un buen puntapié inicial para nuestro proyecto.
Creo que una de las cosas que tenemos que aprender de nuestros clientes es a escucharlos, nosotros lo venimos tratando de hacer desde hace
un tiempo y hemos aprendimos un montón de cosas.

El otro desafío es lograr la sostenibilidad del servicio a través del arancelamiento. Para lograrlo vamos a generar las mejores condiciones
pero, además, una buena dosis de paciencia.

Cuando comenzamos nuestras actividades con el programa de crédito
en el primer mes se concedió un solo crédito para cuatro familias después de haberlo preparado durante casi un año. Ahora se han dado
créditos por valor de cuatro millones de pesos para mil setecientos grupos. Como en casi toda actividad los comienzos son durísimos, pero
nosotros creemos que esto requiere capacidad técnica y fundamentalmente mucha vocación por trabajar con este sector para que el proyecto siga adelante.

Pregunta: ¿Con qué capital cuenta la Fundación y como lo consiguió?

Raúl Zabalía: El capital inicial fue un aporte de los miembros del consejo de administración de la Fundación. Fue un primer capital de dos
millones de pesos que se fue complementando con otros préstamos.

En este momento tenemos un préstamo vigente con una sociedad coo-
perativa con sede en Holanda que tiene un representante para América
Latina en Uruguay, que, pese a tener un temor bárbaro por la situación
de la Argentina, está por hacernos un desembolso en estos momentos
de doscientos cincuenta mil dólares de un préstamo total de setecientos cincuenta mil. También hemos recibido otros aportes, como donaciones de la Subsecretaría de Vivienda.

En este momento estamos en tratativas, bastante firmes, con un organismo semi público que es el Fondo de Capital Social, por un crédito de
tres millones de pesos para la realización de la red de infraestructura y
conexiones domiciliarias para el tema del gas.

Como expliqué, nuestro fondo es mixto, tiene un capital inicial como
aporte propio, aportes de distintas instituciones y tiene créditos a tasas

del orden del 10 % anual.

El costo del financiamiento de los micro créditos está en el orden del 20% directo en seis meses, esto dicho en tasa efectiva mensual.

El tema del micro crédito es un tema muy crítico porque su operación tiene un costo muy alto en relación con el monto. Lo único que la Fundación cobra, y no en su totalidad, es el costo operativo que tiene para otorgar los micro créditos en razón de que la tasa que nosotros pagamos es muy alta y los montos totales de los micro créditos y las cuotas de amortización son muy chicos.

Por ejemplo por un crédito otorgado por valor de quinientos pesos la gente reembolsa seiscientos pesos y les parece un regalo, porque en realidad la tasa del mercado donde ellos operan con el micro crédito, que es en el mercado de crédito al consumo, la tasa es cuatro veces más elevada. En ese mercado la gente toma créditos de quinientos pesos y devuelve setecientos cincuenta pesos en cinco meses.

Nos sentimos los más malos de la city y los más buenos del barrio, y como trabajamos en el barrio no tenemos problema.

Pregunta: ¿Que obras financian de la red de gas?

Raúl Zabalía: Nosotros financiamos todo, financiamos la red externa y la red interna, la empresa prestadora lo único que hace es vender el fluido. Es como ir a comprar la Coca Cola y llevar el envase.

Quería aclarar algo, así como el Promeba consiguió, como reconocimiento de la empresa por la inversión realizada por el Programa en instalaciones que hoy forman parte de la red de infraestructura, que se les otorgara gratuitamente mil doscientos metros cúbicos de gas por familia, Gas Van tiene previsto en sus operaciones normales mil metros cúbicos como bonificación a quienes han hecho la red externa, porque se ahorran la inversión. Nosotros vamos a ver si conseguimos algo más, estamos negociando fuertemente porque lo que estamos planteándoles justamente es aprovechar lo que aparece como una amenaza en el esquema de redes de sectores pobres, como una oportunidad. ¿Qué significa esto?. Nosotros hicimos hace muy poquito una encuesta entre las familias que están en el área de la red de gas y les preguntamos cómo calefaccionaban, cuánto tiempo tenían prendida la estufa eléctrica de cuarzo, o el mechero de kerosén, o la garrafa, cómo calentaban el agua y si usaban agua caliente para bañarse. Sobre la base de esa información, tomada directamente por promotores, hicimos un cálculo de cuál sería el ahorro posible una vez que tengan la red conectada. Porque justamente nuestra concepción es que sólo tiene sentido poner una red de gas si la gente con lo que hoy gasta para eso la puede financiar, si no, no hay ninguna posibilidad de que esto sea sostenible, si no nos convertimos nosotros en los gestores de los negocios de las empresas y nosotros somos gestores de los negocios de las familias, no de las empresas. Hay familias que utilizando el gas por redes ahorrarían cuarenta pesos por mes y hay otras familias que ahorrarían diez pesos por mes y hay gente que no ahorraría nada, quedaría como está, porque su nivel de consumo es muy bajo. Ahí está el desafío profesional del que hablaba hace un rato.

Por supuesto que a sesenta pesos por frente no va, nosotros estamos en un precio que, cada vecino pagará por la red externa de gas alrededor de veinte pesos mientras que los del barrio de enfrente pagaron a la empresa de gas, sesenta pesos por la red, y por la conexión externa e interna dos mil quinientos pesos. Sí estos vecinos no hubieran tenido ese costo de instalación hoy podrían estar pagando el gas, pero resulta que lo que les comió la vida fue haber conectado a un precio tan terrible que comprometió sus ahorros por cinco años y les impidió tener el dinero disponible para poder pagar ahora su tarifa de gas. Porque la tarifa de gas en el caso de Argentina, nosotros hemos estado haciendo estudios sobre ese tema, no es una tarifa cara, la tarifa del gas en sí. Acá me dicen más o menos, bastante cara me dicen acá, bueno, no se cuál es la referencia, nosotros hemos tomado referencias del que la paga pero yo la referencia la tomo con respecto a los sustitutos.

La experiencia uruguaya de los Arquitectos de la Comunidad

Arquitecto Ricardo Muttoni
Creador y asesor permanente del sistema de consultorios barriales de Cuba

En el caso de Uruguay los consultorios barriales surgen como una iniciativa gremial, por un problema laboral de los arquitectos.

Lo que tiene que ver con los consultorios barriales surge a partir de la visita de la Arq. Zelma Díaz a Montevideo para conocer la experiencia del cooperativismo uruguayo, que es lo que más nos destaca internacionalmente en el tema de vivienda. En esta oportunidad en que la arquitecta visita Uruguay, la Sociedad de Arquitectos quería hacerle una entrevista a través de su boletín. Entonces nosotros conocemos la experiencia cubana, luego de una hora de entrevista, y surge la idea de encontrar alguna solución al problema de la práctica profesional en el Uruguay. Rodolfo Livingston decía en su libro, y repite cada vez que nos visita, que hace nada más que 250 años los arquitectos empezamos a trabajar con la gente; antes trabajábamos con los reyes, príncipes y obispos. Y sin embargo, pese al tiempo transcurrido, la formación de los arquitectos en nuestro país no se adecua a estos cambios y esto se manifiesta específicamente en la incapacidad de poder llegar a la población en general desde nuestra profesión.

Hace 12 años la Sociedad de Arquitectos realizó una encuesta entre los arquitectos para establecer en qué situación laboral nos encontrábamos. Hace 1 ó 2 años hicimos una nueva encuesta con el mismo fin, pero incluyendo también la demanda potencial, y le pedimos a la empresa encuestadora que le preguntara a la población qué visión tiene de los arquitectos. Los resultados nos sorprendieron. Sólo el 31% de la población, en los últimos 5 años, no había hecho ninguna construcción. Estamos hablando de algo así como 10 veces la cantidad de obras que programa el gobierno para realizar en un periodo de 5 años. La población hace intervenciones dentro de su hábitat (amplía, construye, refacciona) prácticamente sin créditos. Para nosotros era una sorpresa saber cuántas obras se realizaban. Sabíamos que se vendía mucho Pórtland, pero no sabíamos dónde, y se vendía mucho cemento portland en las barracas, más de lo que producía la industria de la construcción establecida.

De esta encuesta surge que el 94% de la gente que hizo obras no utilizó arquitectos. Nos sorprendió realmente que tanta gente prescindiera del conocimiento y de la capacidad que podía brindarle el profesional arquitecto o bien de lo que pensábamos nosotros que podíamos darle a la población.

A partir de esta constatación comenzó una suerte de autocrítica, porque pensábamos que la gente no era culpable de esta situación. Empezamos a preguntarnos si no éramos nosotros, los arquitectos, y nuestra formación, lo que nos impedía llegar a la población. Quiero decir que la población estaba necesitando asistencia para realizar o mejorar su hábitat y los arquitectos no se la estábamos brindando. Decidimos que era necesario transformar esa situación realizando acciones que cambiaran nuestra relación con la población. Fuimos progresando en el tema, en base a una experiencia de un año de preparación y un año y medio de puesta en práctica del "Arquitecto en la Comunidad". Esto nos permitió darnos cuenta de una cantidad de carencias que tienen que ver, fundamentalmente, con la comunicación y esto tiene que ver, en cierta forma, con nuestra preparación universitaria, con cómo nos posiciona la Facultad frente al problema de la gente. Es decir, la cuestión es quién en definitiva es importante?, el Proyecto de Arquitectura, el Arquitecto o la Población?.

Con la metodología de trabajo de los talleres dentro de la facultad (donde por ejemplo no se podían llevar dos variantes de un anteproyecto) sumada a otras maneras de formación establecidas, se adoptan posiciones en las que el arquitecto no tiene interlocutor, y el interlocutor es alguien que sabe más que uno de arquitectura. Así se genera una forma de relación que yo llamo endogámica en la que el arquitecto hace arquitectura para otros arquitectos, se educa de esa manera y no tiene los canales, o la práctica, o la posibilidad de encontrar las herramientas que lo vinculen con la población y, de esa manera, poder entender cuáles son sus verdaderos problemas.

Es a partir del conocimiento de un libro del Arq. Rodolfo Livingston que a nosotros se nos abrió una nueva perspectiva que, sin duda, fue el comienzo para una nueva práctica de la arquitectura. Creo que los arquitectos tenemos que hacer una especie de desestructuración, una deconstrucción de nuestra formación para poder tomar una actitud acorde con lo que se requiere para llevar adelante los Consultorios de Arquitectura.

Volviendo a la encuesta, decíamos que 12 años atrás, un porcentaje mayor al 65% de los arquitectos en Uruguay eran funcionarios del Estado, y eso de alguna manera, también generaba un tipo de práctica o por lo menos, era una forma de obtener ingresos. El resto ejercía, fundamentalmente, como profesional independiente. En este momento, con la disminución del gasto público y todo lo demás, hay un 45% de arquitectos que están vinculados al Estado, esto quiere decir que aumentó la desocupación profesional. Nosotros lo vemos desde el punto de vista corporativo; aumentó la desocupación de los arquitectos desde el momento en que el empleador ya no es más el Estado y éste comienza a contratar en forma diferente. Además, de esta manera, se empiezan a presentar algunos problemas serios desde el punto de vista ético, sobre todo vinculados con el arancel de honorarios. En Uruguay hay un honorario único para todo el mundo, pero en el interior del país se trabaja hasta menos de la mitad de lo que marca el arancel. Esta situación, provocada por la enorme reducción de la demanda de servicios profesionales, generó un movimiento tendiente a rebajar los aranceles con el argumento de que ya que nadie nos contrata, "tenemos que cobrar menos". Pero la Sociedad de Arquitectos que fija las reglas de juego entre nosotros mismos, no acepta la disminución del arancel.

Lo que estaba pasando en la práctica era que nuestros proyectos de arquitectura no eran tales. Estábamos produciendo unas especies de anteproyectos ajustados de arquitectura y, por esa razón, parecía que estábamos cobrando de más. Además a la población a la que nosotros servíamos, esta forma no le estaba dando un buen resultado. Había muchas quejas sobre el control de las obras, sobre las direcciones de obra, sobre los proyectos porque no estaban muy pensados, etc. Todo esto, en términos generales, hace al cuestionamiento del valor de los aranceles profesionales.

En algunos departamentos, como el de Artigas, se está cobrando el 20% del arancel ya que los arquitectos de la zona trabajan en el Estado, entonces los trabajos que realizan en forma independiente se consideran como un complemento y el honorario que cobran es un complemento a su salario y no lo que marca el arancel.

Frente a esta situación la Sociedad de Arquitectos comenzó a reflexionar sobre posibles mecanismos para aproximar al arquitecto a la mayoría de la población. Cuando hablamos de mayoría de la población, no hablamos de sectores en particular (zonas tugurizadas o clase media, etc.), sino que estamos hablando de ese

94% que no nos utiliza, que no nos llama, que no nos necesita. Con este objetivo tomamos la idea del "Arquitecto en la comunidad", sumando el respaldo del gremio, digamos en lo institucional. Este respaldo, y lo que significa en cuanto a controles y a la lentitud propia de la burocracia que tiene un gremio chico, nos daba la certeza de que íbamos a hacer las cosas en forma lenta y meditada.

Así surge la idea de llevar adelante una experiencia piloto. En el año 1999. hicimos un llamado a través del Boletín de la Sociedad de Arquitectos invitando a los colegas que estuvieran interesados para formar un grupo de 8 arquitectos y realizar una experiencia concreta en un barrio. Se anotaron 180 colegas y eso nos dio la pauta de que esto podía llegar a ser una idea muy interesante. Actualmente hay 200 arquitectos trabajando en "Arquitectos en la Comunidad" y tenemos anotados 80 en lista de espera.

Logo y afiche de difusión de "Arquitecto en la Comunidad".

Las encuestas realizadas por la empresa Cifra nos dieron los siguientes resultados:

- En un período de 5 años, y de un promedio de 1.000.000 de viviendas, se han realizado trabajos de construcción en 300.000. La significación de esta cifra queda de manifiesto cuando se compara con el programa más difundido del Estado que abarcó a 35.000 viviendas.
- De esa producción de viviendas, un 52% se hizo por auto-

construcción, un 42% con albañil o constructor y un 6% con asesoramiento de arquitectos. (Cuando hablamos de autoconstrucción nos estamos refiriendo a que no hubo intervención ni siquiera de un albañil, pero sí hubo obra).

•	Las respuestas de los entrevistados con respecto al hecho de que no se diera intervención a un profesional fueron: 1. que la obra era muy sencillita. 2. que los arquitectos no trabajan para gente como nosotros o 3. que es caro y complicado contratar a un arquitecto. Esto nos llevó a confirmar nuestra hipótesis sobre la visión de la población acerca de los arquitectos: estamos sólo para las grandes obras, para obras más complejas, y no estamos en el tema de lo que la gente está necesitando para su hábitat.

Todavía no hay una comprensión real del cambio que significa desde el punto de vista de la actuación, del cambio real que tiene que realizar en la cabeza el arquitecto para prepararse para una nueva forma del Ejercicio Profesional.

De alguna manera seguimos pensando que nosotros somos el ombligo del mundo, que la gente tiene que aprender de nosotros y que la gente tiene que vivir como a nosotros nos parece. Eso es lo que ha surgido como respuesta clarísima, que la población diga: "mire, eso no es lo que necesito" y además, somos caros.

Es decir que estamos sobreviviendo fundamentalmente, gracias a las Normas Municipales que obligan a la firma de un profesional en todos los casos actuantes. Pero, ¿qué pasa con la población que se está enfrentando a una situación de informalidad por razones de exclusión?.

Hay como dos ciudades: la ciudad de papel, la formal, en el sentido que cumple con todos las formalidades, paga impuestos, etc., y hay una ciudad informal que se superpone. Se teje un verdadero entramado, ya que no creo que estén territorialmente separadas, hay una superposición de esa ciudad informal con la formal.

Y pasa que si alguien obtiene un permiso de construcción sobre la base de un plano presentado ante las autoridades, cuando empieza a construir comienza a realizar cambios y modificaciones para adecuar su hábitat, su casa, y esto no lo hacen ya con profesionales, lo hacen ellos mismos, llaman a un albañil, etc. Así se empieza a dar toda una situación de no-inspección y entonces los arquitectos nos quejamos de que no se inspeccione, de las obras sin permiso y demás y, en definitiva, estamos requiriendo permanente-mente al Estado que defienda nuestro trabajo, cuando deberíamos ser nosotros los que tendríamos que demostrar que somos útiles a la población. No debería pasar que la población requiera de nuestros servicios sólo por una obligación o una Norma Municipal o Estatal.

La idea de crear los consultorios barriales para brindar servicios, en principio fue visto como un sistema que se podía llegar a generar desde el propio Gremio, una competencia desleal con los colegas asociados. La iniciativa se veía con un poco de miedo porque se pensaba que se iba a armar un súper estudio integrado por arquitectos de alguna manera organizados y con publicidad. Entonces se definió, para el caso de Montevideo, una zona de exclusión que es la Costa de Montevideo donde nosotros decidimos no instalar locales (ciudad formal), y dijimos; los con-sultorios los vamos a poner en el norte, no en la periferia, sino en la corona que rodea Montevideo, de densidad interesante desde el punto de vista de trabajo. También se puede caer en el otro extremo, es decir, en crear una categoría de "arquitectos para pobres". ¡No! Nosotros no somos arquitectos ni para pobres ni para ricos, somos arquitectos que queremos comunicarnos con la población en general.

Actualmente el servicio de Arquitectos de la Comunidad funciona en Montevideo y tiene sucursales en: Zona Norte (Colón), Zona Noreste (Mangas, Maroñas), Zona Oeste (Paso Molinas, Malvin Norte). En el Interior del país, a través de las delega-ciones departamentales que tiene la Sociedad de Arquitectos del Uruguay , se interesaron en la propuesta: Ciudad de la Costa, Minas, Maldonado, San José, Paysandú, Dolores, Sorian y próximamente Salto. Esto demuestra que la iniciativa se ha instalado en todo el territorio nacional.

Para operar la puesta en marcha de los consultorios, trabajamos fundamental-mente en analizar cuáles eran las razones por las cuales la población no contra-taba arquitectos. Una de ellas y tal vez la más clara era: "por ser complicado y caro". A partir de esta conclusión comenzamos a trabajar sobre el arancel y llega-mos a descubrir que está pensado para un cliente que va a hacer la obra en el tiempo mínimo posible y que no tiene dificultad de dinero. El arquitecto le dice al cliente: "le cobro tanto por ciento del valor del costo de construcción, son tantos m², etc.".

Pero la gente responde que lo piensa hacer en etapas, que lo suyo es simplemente un dibujito. Decidimos entonces copiarle a los médicos, y hacer el acto arquitectónico dividiendo el arancel en sentido transversal, es decir por tareas. Por ejemplo el tema de la consulta (que viene de los anales de los Arquitectos en la Comunidad): la primera se cobra. Y fue todo un éxito. Normalmente en el Uruguay no se cobra la primer consulta y no se cobra hasta que no se acepte el anteproyecto. Entonces empezamos al revés. Eso fue lo que nos propuso la agencia de publicidad, ustedes tienen que lograr que la primer consulta sea paga.

Después decidimos modificar la propuesta del arancel y presentarla de una manera diferente, por tareas, dividida en trocitos. Es decir, un dibujito sale tanto, la memoria sale tanto, etc., y fuimos a averiguar si esto era vinculante con las horas de trabajo que eso implicaba. Por qué?, porque nos interesaba realmente aunque sea, poder hacer el dibujito, aunque sea la consulta. Ya que la construcción informal se sigue dando, por lo menos tener alguna instancia de participación y con una consulta poder saber si el proyecto está bien enfocado o si hay algún tipo de problema y así, empezar a ganar espacio. No hablo de un espacio por la integridad de la obra, sino un espacio de pequeñas intervenciones que permita colaborar con lo que ellos ya tienen.

Y como siempre la gente trae su dibujito, lo tiene armado, o ya tienen el albañil. En fin hay toda una forma a la que nosotros no estamos acostumbrados, no estamos formados para eso, y cuando le pasamos los honorarios es algo absolutamente descabellado.

Era necesario hacer un reacomodamiento en la cabeza en cuanto a qué era lo que nosotros estábamos ofreciendo, asumir que era un logro tener una consulta con la persona que iba a construir y también que los arquitectos realmente podíamos brindar conocimiento. Había que generar el vínculo, generar el gancho. Entonces decidimos armar unas planillas de aranceles y además armamos formularios (como nuestra cabeza está metida en las formas del Estado, todo tiene que ser con planillas y documentos), pero era una forma de generar una guía, ya que había un rechazo muy grande al cambio directo que se proponía a través de la aplicación directa del método. Era tan drástico para nosotros que comenzamos a hacer las cosas lo más parecido posible a los formularios del Estado. Ahora estamos en el proceso de simplificar eso.

Una de las formas que nos parecía importante para aproximarnos a la población era que comprendiera a partir del arancel, es decir, poder explicarle al cliente cuánto le iba a costar. Porque este sector no trabaja financiado, trabaja al contado. Y la población se preocupa por pagar, no quiere generarse una deuda, preguntan siempre y ante todo cuánto le sale el dibujito, cuánto les va costar el asesoramiento y nosotros de alguna manera tenemos que darle rápida respuesta, no pedirle una semana para elaborar el presupuesto. Para eso nos sirven las planillas. Otra forma de aproximación a la población es mediante la instalación de consultorios porque, por lo menos físicamente, podían identificar a los arquitectos con un lugar cercano.

La otra forma es por medio de la difusión, que pensamos armar sin dinero porque, evidentemente, el gremio no tenía para gastar en eso, y menos el "Arquitecto de la Comunidad" que comenzaba con un aporte de los propios arquitectos para pagar algunas cosas. Pero no alcanzaba para pagar la difusión.

Estas son las formas de aproximación. Nos faltaba la más importante, nos sigue faltando la más importante, que es una metodología de trabajo con la población que ayude a generar un buen vínculo, porque ese vínculo es vital para transformarnos en algo que ellos estén necesitando. Esto lo estuvimos viendo hace muy poco y vamos a estar trabajando muy fuerte en esto.

También hicimos Convenios con distintos Entes del Estado.

La ventaja de ser un grupo grande de arquitectos que trabaja en casos individuales es que podemos representar, de alguna manera, los problemas que tiene la gente. Nosotros como grupo podemos salir a representar esos pequeños problemas y tratar de encontrar solución a los mismos.

El primer convenio se realizó para conseguir local. Las estaciones de ferrocarril del Uruguay habían quedado prácticamente fuera de servicio porque el ferrocarril fue desmantelado (aunque ahora comenzaron a aparecer de nuevo), y las estaciones son un elemento desde el punto de vista arquitectónico realmente interesante y además, son un referente claro de la población. Fuimos a AFE y al Presidente de la Federación de ese momento le interesó muchísimo la idea; nosotros teníamos que darle, como contrapartida, el mantenimiento de los edificios, es decir, nos daban un local dentro de la estación pero lo teníamos que pintar todo, mantener los baños, etc. En definitiva era como un alquiler. A nosotros nos pareció que podía ser un aporte a la Ciudad, que a través de un trabajo en los propios consultorios podíamos tener una identificación con cosas de la Ciudad (cuestión que nos interesaba), y el tema de las estaciones del ferrocarril era como una especie de renacer.

Luego fuimos a distintos Ministerios como el de Trabajo y Seguridad Social, en búsqueda de una declaración de interés nacional por razones de la publicidad y para que este elemento tuviera funcionamiento. Nos dimos cuenta que cuando hicimos el lanzamiento, elegimos un día de Semana Santa cuando no pasa nada, vino toda la prensa y en consecuencia tuvimos mucha repercusión y fue sumamente interesante. ¿Porqué?. Porque nos dimos cuenta que cada vez que salíamos por televisión o radio la respuesta de la gente era inmediata, a partir de los 5 ó 10 minutos comenzaban a sonar los teléfonos.

Al Ministerio de Trabajo le pareció interesante porque la mayor "siniestralidad" de obra se da en las pequeñas obras. El mayor problema que ellos tienen es en la obra chica de ampliación, entonces les pareció interesante que haya un arquitecto porque, de alguna manera iba a ayudar a disminuir la siniestralidad en la construcción y así nos dieron el auspicio del Ministerio.

Luego fuimos al Banco de Previsión Social. El monto que se paga para la seguridad social de los obreros que trabajan en la construcción es muy elevado y en consecuencia las obras se hacen de contrabando. Esto hace que aumente la informalidad y la situación termina siendo tremenda, porque la gente, después de que hizo la casa y arregló todo quiere poner los papeles en orden, y cuando lo va a hacer tiene que pagar multas y recargos. Entonces el dinero que se tiene que pagar por la previsión social de los operarios no va a los operarios, va al Estado, y el operario nunca se junta con esa plata.

Entonces fuimos a hablar con el presidente del Banco de Previsión Social y le pareció buena idea y nos propuso que armáramos una idea diferente para este tipo de obras que simplifique y financie las leyes sociales, para que la gente entre en el sistema formal pero sin un desembolso tan importante.

Entonces el trabajo de los Arquitectos para la Comunidad está dando resultados. Tenemos una firma de convenio con el Ministerio de Ordenamiento Territorial y Medio Ambiente que tiene una línea de crédito que tuvo mucho éxito; es un crédito de materiales que se llama Credimat, que llega a una media de 600 dólares que es más o menos lo que la población está gastando en materiales, y que ha tenido una de las demandas más grandes y está financiado por un banco alemán y controlado a través de un técnico, que fue quien propuso un convenio de asesoramiento técnico para la compra de estos materiales por este mecanismo.

Otra de las cosas importantes fue la organización, primero, cuando se nos vino tanta gente, contratamos a la Multiversidad Franciscana en América Latina, que es especializada en educación popular en donde hay procedimientos y formas de hacer rápidamente, en un grupo grande, definir objetivos generales, plenarios multitudinarios y llegamos a que los 120 arquitectos entendieran cuál era el proyecto y aportaran a través de grupos de 8 coordinados por un coordinador. Fue una cosa muy efervescente y con mucho entusiasmo, se trabajó durante dos años, con mucha fe y con una modalidad de participación que hacía que todos se sintieran involucrados.

La autoridad suprema de este asunto es la Sociedad de Arquitectos y su Asamblea porque se armaron los estatutos de tal manera que el gremio supervise y que no fuera una iniciativa privada, para que respalde a todos los arquitectos. Entonces el funcionamiento se armó en base a locales, con tres grupos de 8 arquitectos, que intercambiaban los proyectos y aprendían de la práctica, estos equipos debían ser intergeneracionales, para intercambiar experiencias, trabajan en ateneos y ahora ya se trabaja no tanto sobre lo organizativo para hablar sobre la arquitectura que estamos proponiendo, en forma muy precaria todavía pero con entusiasmo.

En cada local se turnan 24 arquitectos de a dos para cubrir todo el horario de atención.

Surgió también una figura nueva que es el Gerente del local, que es elegido y rotativo y que es el que se encarga del funcionamiento del local y se reúne con la Comisión Asesora de la Directiva.

El lanzamiento fue en abril del 2000 y a junio del 2001 teníamos unas 1700 llamadas que se transformaron en 800 consultas, teníamos una buena respuesta (alrededor del 50%) pero estas consultas no siempre se transformaban en trabajos, lograr la consulta es bueno en sí pero estamos analizando las causas del por que esas consultas no siempre se transforman en trabajos.

Respecto al tema de las llamadas y las consultas, los motivos de las consultas en general eran en principio humedades y problemas cotidianos, patologías, etc y era lo que difundíamos en las entrevistas periodísticas de difusión y justamente las patologías fueron la vedette de las consultas y nos transformamos en los arquitectos que resolvemos las humedades, pero bueno... por lo menos como arquitectos nos pudimos meter en el tema y ya no lo resuelven solo los constructores; en Uruguay no existe el maestro mayor de obra, el arquitecto diseña y dirige la obra. El tema de tramites es una de las principales demandas de la población ya que el Estado exige la firma de un arquitecto. Uno de los temas importantes con respecto al arancel era el tema de la responsabilidad técnica de los profesionales con respecto al Código Civil y se resolvió que eramos responsables por nuestra intervención pero si nos contrataban para toda la obra, cada arquitecto tiene su factura y su recibo y actúa frente al cliente en forma personal, tiene una institución que lo respalda pero la responsabilidad es personal. Normalmente se ha desarrollado mucho el trabajo en grupos de dos ya que hacen las guardias de a dos y reparten los honorarios pero siempre hay uno que firma. Los grupos de ocho también tenían como objetivo hacer un control porque esta involucrado el nombre de la Sociedad de Arquitectos del Uruguay y el nombre de Arquitectos de la Comunidad, los siete restantes de alguna manera supervisan el trabajo, y así se generan cuestiones interesantes que producen conocimiento, por ejemplo sistematización de las practicas, para su tratamiento se genera un ámbito para volcar los conocimientos en común y en ateneos, ya que estas instancias no existían (humedades en zócalos de las viviendas estándar y todas sus soluciones).

Red de usuarios potenciales, integración a la cadena de trabajo, son instancias a desarrollar en el futuro, analizando el rol de los arquitectos en la sociedad, intercambiando qué aportamos nosotros y qué nos aporta la formación.

Aprovechamos la revista de la Sociedad de Arquitectos para hacer la publicación de las planillas de honorarios de los Consultorios ya que otros arquitectos y los clientes la toman como referencia, de un tipo de "ente testigo gremial". Ese numero de la revista se agotó.

Como pueden ver nos encontramos recorriendo un nuevo camino dentro de la práctica profesional y lo iremos perfeccionando a medida que avanzamos. Por último quería agradecer a Uds. la invitación a estas jornadas.

Pregunta: En el futuro piensa que deberían formarse en la universidad los arquitectos de la comunidad?.

Arq. Muttoni: Estamos pensándolo por el lado del prosgrado, aunque creemos que hay cosas que seria interesante que fueran de grado para dar formación en esa línea. Por el lado de los arquitectos no hemos tenido oposición porque el gremio ha sido muy cuidadoso y las decisiones, son planteadas por el plenario de los arquitectos de la comunidad. Estas cosas lógicamente van a encontrar opiniones contrarias pero existe una amplia mayoría que piensan que esto ha mejorado las condiciones del desarrollo profesional. Actualmente estamos en las 2.000 consultas Si se necesita un arquitecto como apoyo se recurre a un arquitecto de la comunidad, como enfoque de campaña, es un apoyo a la disciplina como introducción a la sociedad.

Nosotros estamos descubriendo los problemas que surgen de la falta de formación, estamos con un planteo critico a la facultad de arquitectura pero estamos generando un planteo alternativo porque creemos que hay espacio para todo. Hay espacio para la arquitectura del poder, pero la que mayor ocupación generaría desde el punto de vista profesional es este tipo de practica profesional. Despreciada, porque no es una arquitectura que salga en las revistas ni nada de eso, sino que tenemos que hacer una transformación muy importante para que sea una verdadera practica que pueda generar satisfacción y orgullo por hacerla, sobre todo porque uno tiene una satisfacción muy grande por la respuesta de la gente.

No queremos plantearlo en términos antagónicos, aunque si nos genera un antagonismo muy grande sobre todo si vemos como se estudia la historia de la arquitectura, se estudia la historia a través de los siglos, la generación de frustraciones continuas, si los estudiantes de arquitectura estudian a las personalidades de la arquitectura, como arquitectos quieren hacer esas obras, y las posibilidades de ser como ellos y la posibilidad de hacer esas obras es una en un millón, es decir son muy pocas las posibilidades que uno tiene de para realizarse profesionalmente en los paradigmas que plantea la formación actual.

Yo no me animo a hacer un planteo muy fuerte, pero es un antagonismo que es posible de salvar y hay espacio para que se desarrollen ambos tipos de formación, claro que es difícil sacarles de la cabeza a los arquitectos que ellos son los dueños del proyecto ni que es la firma del cuadro, de la obra de arte sino que es otra practica es absolutamente distinta y uno por mas que lo expresa, cuesta mucho hacerlo, incluso en nuestra practica, hablamos de darle a la población el conocimiento y caemos en contradicciones en su propio discurso, en la practica caemos en la contradicción, es necesario dialogar con la población, elaborar una nueva teoría y definir que es lo que aporta el técnico y que es lo que aporta la población.

Pregunta: ¿Ustedes se manejan con colegiatura o consejos profesionales?

Arq. Muttoni: No la sociedad de arquitectos es de asociación voluntaria y representa al 85% de los arquitectos.

Pregunta: ¿No tienen entonces ley de honorarios? Porque pensando en trasladarlo acá, se complica la asignación de recursos, porque si estamos pensando en atender a población que no cuenta con recursos, con los honorarios mínimos que se debieran aplicar acá, se complicaría, quizás debería inventarse otra figura

Arq. Muttoni: El tema de los honorarios me importa mucho, nosotros descubrimos que el trabajo que hacemos nosotros es muy barato, y al dividirlo en etapas y tareas concretas, resulta barato. Nosotros queremos defender el tema de los honorarios porque es la regla de convivencia entre tantos colegas y la población a la que nos estamos dirigiendo, que no es la de menores recursos, para eso hemos armado otro modelo que se lo estamos proponiendo al Estado para que lo pague, pero para la población de menores recursos, la población gasta financieramente mucho más por la forma de compra fragmentada, entonces el arquitecto no es un costo, pasa a ser un ahorro, que es lo que precisamente queremos dar a entender, el contratar un arquitecto les hace ahorrar plata.

Pregunta: ¿Cómo llegar a los sectores más bajos, como trabajar para los pobres?

Arq. Muttoni: los pobres están tan difíciles de clasificar, sobre todo en estos dias por acá, es tan difícil, depende de algunos índices, pero pobre esta el 80% de la población; realmente la concentración de la riqueza esta dando como resultado que cada vez la población que no es pobre, esa menor. De cualquier manera, nosotros no bajamos el arancel, porque creemos que nuestro servicio es como el del medico, en todo caso si no lo paga el usuario lo debería pagar el Estado a través de subsidios y convenios. Pero no podemos transformar en una militancia nuestro ejercicio profesional desde esta esfera, lógicamente que quien tenga la voluntad de hacerlo, puede hacerlo, pero no desprestigiar la profesión y el prestigio es la autovaloración de lo que uno esta haciendo.

Lo que sí hemos hecho es convenios, que de alguna manera nos han venido de un barrio a hacer un planteo en donde nos encargaron un trabajo como organización social y entonces si hacemos precios especiales, lo canjeamos por publicidad en definitiva, se los decimos explícitamente y trabajamos con la comisión de fomento de ese barrio a un arancel menor con permiso de la sociedad de arquitectos porque nos interesa la publicidad que nos hacen ellos. Pero la valoración del trabajo es la forma de dignificar el trabajo.

Indice

CONOCÉ
nuestra nueva plataforma digital

CIENTOS
DE LIBROS Y REVISTAS
EN TU MANO

BIBLIOTECADIGITAL.CP67.COM

www.ingramcontent.com/pod-product-compliance
Lightning Source LLC
Chambersburg PA
CBHW072333150726
47998CB00017B/542